任性出版

這老天忘了眷顧的人生，一定要讀曾國藩

硬是延長清朝國祚六十年，
曾國藩怎樣從死路中求生路、
落榜考生逆襲為救國名將。

民國史學者，
曾氏侄兒
蔣星德——著

目次

第六章　亂世做大官，功高不震主　149

第二部　思想與領導哲學

第七章　權力看很輕，欲望看很淡　187

第十章 帶兵，要像父母帶孩子 247

推薦序一

從人格特質的角度，重新看待曾國藩

臨床心理師、《練習不孤單》作者／李郁琳

在歷史的軌跡中，英雄造時勢，時勢亦造英雄。隨著物換星移，曾經的千古風流人物，在後世的眼光，透過不同視角、關係的親疏遠近、行為影響的範圍及解讀等，都可能有不同評價，其一生的功過，總留予後人說。

本書作者蔣星德為歷史學者，也是曾氏侄兒，以最貼近曾國藩的角度及考據，書寫其生平。我認為，讀者可以結合過去歷史課程中所了解的曾國藩，對應本書作者的觀察，看見斯人更多樣的面貌。

閱讀本書的過程中，我最有興趣的部分是其識人、用人之法及家書。

書中提及「古人認為將領要有諸多長項，而不得有一缺點，曾國藩對此表示深切的懷疑」，因此曾國藩的選將標準雖嚴格，但也不苛求對方毫無缺點，只是會特別注意其操守。他知人善任，能看出某人的才略，給予對方發揮才能的機會和工作，也能體恤部屬，同理對方。**若能將曾國藩「用將」、「恤將」的核心精神，延伸運用至組織管理與選拔人才之上，應該也能收穫不錯的成效**。

「帶兵之道，用恩莫如用仁，用威莫如用禮。」此段描述曾國藩帶兵時很注重仁愛，認為長官對士兵也應該以仁愛相待，他認為**施以同理及情感，比一味的威嚴更有力量**。這個想法對照我在臨床實務工作的觀察，有其相近之處。在接觸個案時，建立信任關係、正確的同理與接納，而非僅有批判或權威式的建議，是我認為在諮商關係中非常重要的一環。

而在家書、日記的篇章中，作者提到：「曾國藩的家書有幾個特點：第一是篇幅長，第二是內容詳細，第三是誠懇……平均都在一千字左右，長信甚至多到三千字……。」、「寫日記的重點：誠實面對自己……曾國藩寫日記，有兩點值得效法：第一是『有恆』，第二是『誠實』。」

我認為，**「誠實面對自己」很不容易。接納自己的一切，不論好事、壞事，不論他人看得到或看不到，亦不論他人的褒貶，能自我覺察與面對，方有機會梳理、調整自己的情緒，也意味著比較不容易讓情緒過分凌駕於理性**，是很棒的人格特質。

推薦讀者在閱讀過程中，不要僅從歷史的功過角度看待曾國藩，而能從人格特質、人際互動的視角學習，相信會有一番收穫。

推薦序二

複雜之人，反而貼近你我的人生

作家、高中國文老師／羊咩老師

曾國藩，是晚清四大名臣之一，也是一個極難定義、極其複雜的人。他的複雜之處如下：

其一，處境難。

曾國藩夾於滿、漢之間，雖受滿清重用，但漢臣身分手握軍權，亦為滿清所忌。清末列強入侵，無論是推行洋務，或是處理天津教案，又讓他夾於「洋化」或是「媚外」的爭論之中。

曾國藩曾說：「好漢打脫牙，和血吞。」這不只是他的自述，恐怕更是所有成大事者的共同困厄。自古以來，權臣、功臣最難的就是平安下崗，全身而退。曾國藩處境之難，以他家書所言可用四字概括：「戰戰兢兢。」他畢生臨淵履薄、嚴以律己，亦嚴格教導規訓曾家子弟，在艱難夾縫中求全。

其二，功過難。

曾國藩不只在軍事有功，率領湘軍攻克太平天國，同時也是晚清重要的政治家、理學家、書法家、思想家、文學家、實業家，如此多方斜槓，卻非他天縱英才。曾國藩並非天生聰敏，甚至自言「鈍拙」。他在學術、理學等各方實績，皆來自他奉行一生的「勤拙」，光是早起、寫日記兩件事，他躬自克己，一生奉行自律。他的多方成就，實為每日自律躬行而成。**現今流行的「原子習慣」理論，曾國藩應該就是最好的代言者。**

但如此勤儉謙敬之人，亦有狠辣果決之時。攻破太平天國後屠城，造成南京城嚴重死傷，南京父老稱之為「曾剃頭」（按：有另一說是因他執法嚴格而得此稱號），也是他難以抹滅的紀錄。讀他的政治家風度與個人修養，再看他對待敵人時的狠辣，其功過難評。

其三，定位難。

曾國藩的歷史評價，隨時局、政府意識形態改變，亦是大好大壞。近代史中，毛澤東和蔣中正都對曾國藩高度評價。但自中共建國以來，又視曾國藩為封建時期劊子手，大加斥責。文革後，曾國藩的評價又開始上升，不乏讚譽之聲。

如此複雜的人物，反而越是貼近你我的複雜人生。**曾國藩並非聖賢，亦非超群絕倫的天才謀士，甚至在同時期名臣將領之間，他也顯得比較鈍拙。但他奉行謹慎、忠、信、篤、敬，終其一生，達到立德、立功、立言三功業。**

他的人生信念是什麼？他在驚滔駭浪的人生起伏中，得以保全曾氏家族的哲學是什麼？我想，讀完《這老天忘了眷顧的人生，一定要讀曾國藩》，我們這些也夾在各種為難處境、不見得被老天眷顧的凡夫俗子，會有各自冷暖品味的收穫。

曾國藩嘉言錄

關於修身：

- 立身以不妄語為本。
- 好漢打脫牙，和血吞。
- 強勉行道，莊敬日強。
- 慎獨則心安，主敬則身強。
- 坐這山，望那山，一事無成。
- 論功則推以讓人，任勞則引為己責。
- 君子之道，莫大乎以忠誠為天下倡。
- 困心橫慮，正是磨鍊英雄，玉汝於成。
- 不為聖賢，便為禽獸；莫問收穫，但問耕耘。
- 不怨不尤，但反身爭個一壁靜；勿忘勿助，看平地長得萬丈高。

- 莫苦悔已往愆尤，但求此日行為，無慚神鬼；休預怕後來災禍，只要暮年心氣，感召祥和。

關於交友：

- 天下無完全無間之人才，亦無完全無隙之交情。
- 擇友乃人生每一要義；一生之成敗，皆關乎朋友賢否，不可不慎也。

關於治家：

- 一家之中，勤則興，懶則敗。
- 無論大家小家，士農工商，勤苦儉約，未有不興；驕奢倦怠，未有不敗。
- 書、蔬、豬、魚、考、寶、早、掃，常說常行，八者都好；地、命、醫、理、僧、巫、祈、禱，留客久住，六者俱惱。

關於讀書與求學：

- 學問之道無窮，而總以有恆為主。

- 無論何書，總須從首至尾，通看一遍；不然，亂翻幾頁，摘抄幾篇，而此書之大局精處，茫然不知也。
- 凡讀書有難解者，不必遽求甚解；有一字不能記者，不必苦求強記。只須從容涵泳，今日看幾篇，明日看幾篇，久久自然有益。

關於為政與治軍：

- 得人不外四事，曰：廣收、慎用、勤教、嚴繩。
- 做好人，做好官，做名將，俱要好師、好友、好榜樣。
- 好談兵事者，其閱歷必淺；好攻人短者，其自修必疏。
- 打仗不慌不忙，先求穩當，次求變化；辦事無聲無臭，既要精到，又要簡捷。
- 未有主帥晏，而將弁能早者也；猶之一家之中，未有家長晏，而子弟能早者也。
- 辦大事者，以多選替手為第一義，滿意之選不可得，姑節取其次，以待徐徐教育可也。
- 治軍之道，以勤字為先，身勤則強，逸則病；家勤則興，懶則衰；國勤則治，怠則亂；軍勤則勝，惰則敗。

作者序
拙誠，一生克己不放肆

一八五〇年至一八六四年間，中國遭遇了一次重大的變亂。一股革命勢力，以推翻滿清政權為目的，形成一個具有極大威力的組織，這便是太平天國的崛起。

自從洪秀全、楊秀清起兵廣西金田村，到太平天國首都天京（按：今南京）被攻破為止，前後共歷時十五年之久，直接、間接受戰爭威脅的，達十七省之廣。在太平軍銳氣正盛時，兵力直達今日的河北省，離滿清政府的所在地——北平（按：今北京）——只有兩百里遠。兵結禍連，內憂外患，當時清朝滅亡，只在呼吸之間。

但滿清政府最終靠了某個人的力量死裡逃生，居然使行將崩潰的皇權，又延長了六十年之久，這人是誰？大家都知道，**他便是滿清的中興名臣曾國藩**。

在清軍和太平軍對峙之中，雙方都出了不少的人才。太平天國有李秀成、陳玉成、石達開等人，而滿清有曾國藩、胡林翼、左宗棠、李鴻章等人。十多年的血戰，太平天國失敗了，清軍獲得最後的成功，原因是什麼？李秀成、陳玉成、石達開等人，在智勇才略上難道不能和曾國藩、胡林翼、左宗棠、李鴻章等人比擬？乃是因為曾國藩等人克己唯公、崇尚氣節，標榜武力身體力行，造成一時風氣，獲得民心愛戴，因而獲得最後的勝利。

縱觀曾國藩的一生，自從道光晚年他在北京做「京官」起，便**觀察人才、留心時務**，後來在咸豐初年曾任「在籍侍郎」，掌管軍務**講究「拙誠」**，**刻苦自勵**，當時湘軍中人才輩出，形成一股新興勢力；**晚年他做了總督，對於自己的操守和刻苦的生活，仍不肯稍稍放肆**，這種堅持的精神，便是他一生成功的原因。所以，曾國藩的一生，除了遺憾他選擇為皇室效力之外，他的個人品行、行事方法，都值得後人欽佩和效法。

自從民族革命的高潮侵入中國以後，一般人對曾國藩多帶有深切的反感。提起他名字的人，似乎便成為革命的叛徒，其實這種態度並不正確。曾國藩的功罪是另一個問題，因為時代的不同，我們很難加以批判。但曾國藩的時代誠然是過去了，他的勤儉克己、知人善任的美德，以及克服困難的方法、應付事後的手段、事業成敗的過程，即使在現代，也不失其價值。

因國民道德的低落，社會風氣似乎改變了，被遺忘的曾國藩，又慢慢引起人們的注意。但在中國著作界和出版界俱告貧乏的今日，除了一些歷史上遺留下來的清朝官書之外，簡直找不出一部比較新的、敘述曾國藩的書籍，因此我才決意用現代的目光和系統性方法，將曾國藩的一生事業編輯成書，這便是撰寫本書的動機。

倘若人們認為，整理歷史人物生平的工作並非無窮無盡，那麼我這本書的編製，也許就是有意義的事。

一九三五年於南京

三版序

本書於一九三五年十月出版，初版未及三月便已再版了，出乎意料。於此可見，社會是如此需要這一類的書籍，我引以為憾的，就是本書的編著實在太草率，愧對社會的重視。

初版出書後，我發現其中有不少錯誤或誤植之處，再版時未及更正，現在都一一更正了。除了改正錯誤之外，並補充了許多新材料。崇德老人曾紀芬女士，她是曾國藩最小的女兒，今年（一九三六年）已經八十五歲了，還很健康，平日著述，有《崇德老人八十自訂年譜》及〈廉儉救國說〉等。家叔父國銓（泮生）在書出版後，指出書中許多錯誤之處，一一加以指示，相當感激。

一九三六年四月

第一部

生平與功業

第一章

借錢買書的平凡少年

1 讓快斷氣的清朝，又多活了六十年

清嘉慶十六年（一八一一年），湖南湘鄉有個小孩出生了。這孩子後來成就一番大事業，替行將崩潰的清政府延長六十年的壽命，而他的人格和做事精神，比他的軍功更受人欽敬。這個人是誰？是**清中興名將，文人身分卻消滅太平天國的曾國藩**。

大家也許要懷疑，曾國藩以一介文弱書生，訓練鄉勇以保衛桑梓，竟能消滅「傳警達十七省，奮鬥垂十五年」的太平軍，倘若不是「奇蹟」定是「天意」了。其實，曾國藩的一生事業，絕非偶然的成功。我們研究他一生奮鬥的經過，先得看清曾國藩所處的時代背景。

曾國藩少年時期，距清開國已近兩百年，承平日久，官吏不免習於荒嬉，政事也就日漸腐敗，當時的情形是：

時值承平日久，朝野酣嬉，習於虛偽，軍事吏治，腐敗已極，無可撥之餉，無可戰之兵。（《崇德老人八十自訂年譜．附錄》）

清政治腐敗、軍隊毫無紀律

當時吏治腐敗日甚一日。清政府掌握政權，排擠漢人，自愛的人都潔身退隱山林，為官者大多是尸位素餐、消玩時日的人，而一般官吏更肆暴戾，作威作福、為所欲為。

道光三十年（一八五〇年），曾國藩描寫當時的官僚有四種通病：

……大率以畏葸為慎，以柔靡為恭，以臣觀之，京官之辦事通病有二：曰退縮，曰瑣屑；外官之辦事通病有二：曰敷衍，曰顢頇。退縮者同官互推，不肯任怨，動輒請旨，不肯任咎是也；瑣屑者利析錙銖，不顧大體，察及秋毫，不見輿薪是也；敷衍者裝頭蓋面，但計目前，剜肉補瘡，不計明日是也；顢頇者外面完全而中已潰爛，章奏粉飾，而語無歸宿是也，有此四者，習俗相沿，但求苟安無過，不求振作有為，將來一有艱鉅，國家必有乏才之患。（〈應詔陳言疏〉）

（編按：曾國藩指出當時官僚有四種通病：不肯承擔責任、不顧全大局、眼光短淺、粉飾太平。）

當時兵營的腐敗，也已達到極點。綠營（按：清代將滿州人分為八組，各有旗號，稱「八旗」，其餘士兵則組成「綠營」，以漢人為主，因多使用綠色旗號而得名）兵平時做小販，擾亂民間；戰時互相推諉，敗則逃，勝則相嫉，毫無紀律可言。

兵伍之情狀，各省不一，漳、泉悍卒，以千百械鬥為常，黔、蜀冗兵，以勾結盜賊為業。其他吸食鴉片，聚開賭場，各省皆然。大抵無事則游手恣睢，有事則僱無賴之人代充。見賊則望風奔潰，賊去則殺民以邀功……。（〈議汰兵疏〉）

（編按：當時士兵械鬥、吸食鴉片、聚賭為常態，要作戰時逃跑，敵人離去後則殺害人民邀功。）

中興名將胡林翼，如此描寫當時的重要將領勝保：

勝保每戰必敗，每敗必以勝聞。

勝保在蔣壩，殘敗不復能軍，山東人向呼此公為「敗保」。蓋其治軍也，如鄭公子突所謂「勝不相讓，敗不相救；輕而不整，貪而無親」者矣。（《胡林翼遺集》卷六十五）

（編按：勝保的治軍，戰勝各不相讓，戰敗互不相救，士兵輕率不整肅，貪心而不相互親愛。）

內憂外患的黑暗時代，造就曾國藩

政治不良、兵營腐敗，成為種種社會不安的因素。在上者不知民間疾苦，造成「官逼民反」，所以在太平天國發生以前，長江上游就經常發生亂事；此外還有瑤亂（按：中國歷史上瑤族人的起義或叛亂，自唐末至民國，時間長達一千多年）於湖南、廣東、廣西，以及廣西的苗亂（按：清代大規模的苗民起事運動）。但因規模不大，組織不善，所以經官方壓制後不至於釀成大患。

道光二十七年至二十八年（一八四七年至一八四八年）兩廣大饑，群盜紛起，到處劫掠。洪秀全則乘機擴充勢力，組織會堂，號召民眾，在道光三十年（一八五〇年）二月於廣西桂平金田村起事，咸豐元年（一八五一年）稱太平天國，遂成不可收拾之勢。匪患擾亂和天災流行，使人民的痛苦更深。道光年間，黃河下游時常決口，河南一帶饑民極多。此外，淮水常生變亂，同時南北運河也時常脫離原本的水道，導致兩岸堤牆坍塌，人民沒有安寧的時候。當時民間的苦況如此：

地方之苦，百物蕩然，公私赤立，民固無以自活，官亦幾難自存。又或到任未久，寇氛踵至，縱有賢員，莫能措手，即行軍所過，亦往往百里不見炊煙，竟日不逢行人。（〈致吳竹如書〉）

此外，**曾國藩所處時代的最大特點，便是海禁大開，帝國主義開始侵略中國**。在曾國藩以前，中國因襲著幾千年的閉關時代，而他適逢其時，親啟這個新時代的序幕。從鴉片戰爭到英法聯軍，是中國對外開始大失威信的時期。太平天國起於鴉片戰爭失敗之後，盛於英法聯軍進攻天津、北京之時，當時的內亂外患，使得國家處於風雨飄搖之中。曾國藩身經目睹，奮力掙扎，遭遇之苦可以想見。

前述說明，可以讓我們了解曾國藩所處時代的概況。簡單的說，**曾國藩的時代是政治黑暗、軍隊腐敗、社會不安、天災流行、內亂外患交相侵迫的時代**，但曾國藩能赤手空拳，任勞任怨，最終平定內亂，使瀕於危亡的清朝，延長了六十年的壽命。

曾國藩事業的成功，雖說是基於他天生過人的才能，但也是這樣艱難、困苦的環境，造就了他的驚人事業。

2 耕讀傳家，形塑曾國藩的性格

曾國藩出生的時代，正值十九世紀初葉，歐美雖已開始發展民族主義和民主政治的思想，但中國一向是閉關自守，除了幾千年傳下來的忠君孝悌之外，沒有其他具體政治思想的存在。而洪秀全的革命運動，究竟無法避免當時一般士大夫的側目。所以，我們若以現代的目光，衡量十九世紀初葉曾國藩的政治思想，其實是缺乏評判根據的。

曾國藩的家世，可以以一句話概括：「耕讀傳家」。耕讀二字，本是中國歷來士大夫的職業，耕則退可以自守，讀則進可以干祿（按：求取功名利祿）。在清代，不獨湖南湘鄉曾氏一家為然，那時凡稱得上「士」的大多如此。以下這一段曾國藩祖父曾玉屏（號星岡）的自述，便可知道曾氏的家世：

余年三十五，始講求農事，居枕高嵋山下，壟峻如梯，田小如瓦。吾鑿石決壤，開十餘畛而通為一，然後耕夫易於從事。吾昕宵行水，聽蟲鳥鳴聲，以知節候，觀露上禾顛以為樂。種蔬半畦，晨而耘，吾任之，夕而糞，庸保任之。入而飲豕，出而養魚，彼此雜職之。凡菜茹手植而手擷者，其味彌甘；凡物親歷艱苦而得者，食之彌安也。吾宗自元、明居衡陽之廟山，久無祠宇，吾謀之宗族諸老，建立祠堂，歲以十月致祭。自國初遷居湘鄉，至吾曾祖元吉公，基業始宏，吾又謀之宗族，別立祀典，歲以三月致祭。世人禮神徼福，求諸幽遐，吾以為神之陟降，莫親於祖考，故獨隆於生我一本之祀，而他祀姑闕焉。後世雖貧，禮不可墮；子孫雖愚，家祭不可簡也。

吾早歲失學，壯而引為深恥，既令子孫出就名師，又好賓接文士，候望音塵，常願通材宿儒（按：老成博學之士），接跡吾門，此心乃快。其次老成端士，敬禮不怠。其下汎應群倫。至於巫醫僧徒堪輿星命之流，吾屏斥之惟恐不遠。舊姻窮乏，遇之惟恐不隆。識者觀一門賓客之雅正疏數，而卜家之興敗，理無爽者。鄉黨戚好，吉則賀，喪則吊，有疾則問，人道之常也，吾必踐焉，必躬焉。財不足以及物，吾以力助焉。鄰里訟爭，吾嘗居間以解兩家之紛；其尤無狀者，厲辭詰責，勢若霆摧，而理如的破，悍夫往往神沮。或具樽酒通殷勤，一笑散去。君子居下則排一方之難，在上則息萬物之嚻，其道一耳。津梁道途廢壞不治者，孤嫠衰疾無告者，量吾力之所能，隨時圖之，不無小補，若必待富而後謀，則天下終無成之事矣。（《曾文正公大事記》卷一）

這篇文字雖可能帶有誇張的成分，但像立祠堂、隆祭祀、敬宿儒、屏斥醫卜星相、救濟窮乏、優待鄉黨、調解訟爭等，這些事情都是稍有名望的耕讀人家所為，並無多大的誇張。

「自明以來，世業農，積善孝友，而不顯於世」，曾玉屏雖不曾做大官，卻無疑是一位鄉間縉紳。這一篇自述，其實就是「耕讀」二字的寫照。

曾國藩從小生長在這種家庭裡，眼目所接觸的，是尊輩勤儉素樸的生活，耳朵所聽到的，是禮義廉恥一類的訓誨，書上所讀的，是忠君愛國的思想。以這樣的家世、這樣的環境，終於造就曾國藩這樣的人物。

曾國藩的一生事業，和他的家世息息相關。

從大處說，他所領導的湘勇和太平軍的戰爭，無異於一場宗教戰爭。因為**太平軍所信奉的是類似天主教的宗教，這在儒家看來是違反孔、孟之道的「異端」，而曾國藩的**

家世是世代宗儒，言必孔、孟，對於太平天國那種「異端」，無疑是深惡而痛絕之。

從小處說，**曾國藩的一生，沒有一時半刻忘記祖先遺訓**，在他的日記和書信裡，都可以看出這一點。他信奉祖父的遺訓，黎明即起，克勤克儉，周恤貧窮，疏醫遠巫，**甚至把祖父的家規編成八字句：「書、蔬、豬、魚、考、寶、早、掃，常說常行，八者都好；地、命、醫、理、僧、巫、祈、禱，留客久住，六者俱惱。」**（按：讀書、耕種、養豬、養魚、祭祀、敦親睦鄰、早睡早起、清掃家裡，這八件事必須常做，對自己、對家庭都好；至於看風水、算命、和尚、巫道、江湖郎中等人，必須遠離，否則只會為自己帶來無盡煩惱。）

直到後來官封一等侯爵、做了兩江直隸等總督，對於勤儉家訓，曾國藩仍不敢絲毫逾越。他一生私德偉大，實是家世塑造而成。

3 五歲啟蒙，六歲入家塾

曾國藩的父親曾麟書（字竹亭），是個勞苦積學的人，長年考試不利，直到四十三歲才「入學」（按：指考中秀才）。曾國藩的母親江夫人，生了五個兒子、四個女兒。**曾國藩，原名子城**，字伯涵，號滌生，**在九位兄弟姊妹中他居次長**，上有姊姊名叫曾國蘭，其餘弟妹有：二弟曾國潢（字澄侯）、三弟曾國華（字溫甫）、四弟曾國荃（字沅浦）、五弟曾國葆（後更名貞幹，字事恆），三位妹妹分別為曾國蕙、曾國芝和季妹（十歲染天花而殤）。

嘉慶十六年（一八一一年）十月十一日，曾國藩生於湖南湘鄉的白陽坪。他五歲時（嘉慶二十年），祖父和父親便開始教他讀書，六歲時入家塾，以陳雁門為問字師。

曾國藩的父親考試不得志，遂在家塾「利見齋」中招收十多個學生，從事教書工作。**而曾國藩便在他父親的家塾中，受了七、八年的教育**。

道光四年（一八二四年），這年曾國藩十四歲。當時有位衡陽廩生（按：明、清兩代由公家發給銀兩、糧食的生員〔俗稱秀才，即士大夫的最基層〕）歐陽滄溟常來家塾，見曾國藩才氣過人，因此把自己的女兒許字給他。

曾國藩訂婚後，便跟著父親曾麟書到長沙應童子試，可惜這次沒有考取。回來以後，在父親設立的家塾「錫麒齋」中讀書。十六歲（道光六年）應長沙府試，取列第七名。

曾國藩二十歲（道光十年）時，曾到衡陽唐氏家塾，拜汪覺庵為師，次年自衡陽返家，轉入湘鄉「漣濱書院」。第二年，父親曾麟書「以府試案首入湘鄉縣學」，曾國藩自己也「應試備取以佾生註冊」。考試完畢後，仍舊回到家塾利見齋。

道光十三年（一八三三年）十二月，曾國藩和他的夫人歐陽氏結婚，是年補縣學生員。隔年，他進入著名的「嶽麓書院」，因為能詩能文，聲名很盛，不久便中了第三十六名舉人。

4 考三次才當上進士，改名「國藩」

曾國藩中舉之後，便在這年（道光十四年，一八三四年）十一月中前往北京。當時交通不像現在便利，從湖南湘鄉到北京，最快也需二十天，有時甚至要走一個多月。

曾國藩到北京後，住在長沙郡館，準備考進士。第二年考試失敗，便繼續留在北京讀書。清代黎庶昌等人編著《曾文正公年譜》中提到：

……會試不售（按：指考試不中），留京師讀書，研窮經史，尤好昌黎韓氏之文，慨然思躡而從之。治古文詞自此始。（道光十五年）

次年考試又不利，曾國藩總覺得心中有些氣悶，因此便想回湖南，並繞道江南一遊。那時，曾國藩有位同鄉易作梅，在江蘇徐州府的睢寧縣做知縣。曾國藩和他熟識，便去拜訪他。從清江浦到揚州再到南京，一路遊覽而來，再從長江水道回到湖南湘鄉。

借錢買書，求知欲旺盛

曾國藩在北京住了將近兩年，非常窘困，因此在經過睢寧時，向易作梅借了一百兩銀子。易作梅以為他有急用，便借給他。誰知曾國藩路過南京，竟把這筆錢全拿去買書。錢不夠，又把衣服送去典當，換錢買書。

其實，許多有學問的人，都不免做過這種事：例如一九〇八年孫中山在倫敦時，窮困不堪，許多青年留學生籌了一筆錢——大約是三十英鎊——給他買麵包吃、補貼生活，他卻寧願挨餓，把這筆錢拿去買了書。而在這裡，我們可以看到曾國藩的讀書癖。

曾國藩回到家，把他所買的《廿三史》拿給父親曾麟書看。曾麟書知道整件事的原委，便對他說：「你借錢買書，我絕不吝惜，但望你能細心閱讀！」這一年中，曾國藩在家裡盡心讀書。

曾國藩不只有讀書癖，求知欲也很強。他聽說瀏陽孔廟祭祀時，奏的是古樂，引起他考證音律的興趣，因此他便到瀏陽縣，和瀏陽舉人賀以南一起研究古樂源流，住了兩個月。歸家時經過長沙，遇到同鄉的劉蓉（按：清代學者，曾參與平定太平天國）、郭嵩燾（按：清代政治家，跟隨曾國藩組建湘軍），年輕有才氣的人相遇，免不了縱談古今、討論學問，因此曾國藩在長沙又住了一個多月，他們才分別回家。

這年（道光十七年）曾國藩二十七歲，十月時第一個兒子誕生，取名紀第（又名楨第），可惜這孩子在十五個月大時，便染天花殤亡。

曾國藩在家已近兩年，想到科名一事，禁不住躍躍欲試，因此在同年十二月便預備進京赴考。可是家裡一時籌不出錢，只得向同族親戚家借了三十二緡錢，動身赴京，到京時只剩下三緡錢了。那時一般人的生活品質雖普遍不高，可是像曾國藩這麼苦的赴考者卻不多。

曾國藩在十二月自湖南動身，在路上過了年，第二年（道光十八年）正月進了京，住在內城西登墀堂。這一年他的考運大佳：

道光十八年戊戌科會試，中試第三十八名貢士。正大光明殿複試一等。殿試三甲第四十二名，賜同進士出身。朝考進呈，擬一等第三名，宣宗拔置第二名，改翰林院庶吉士。（《曾文正公大事記》）

曾國藩在道光十七年十二月入京時，不過是舉人，到了道光十八年五月，便做了翰林院庶吉士，可說是「青雲直上」。而和曾國藩同時考取進士的同鄉，還有梅鍾澍、陳源兗，都是他的好朋友。

心有國家大志，自己改名「國藩」

曾國藩從小對讀書便有卓見，不隨流俗。進了翰林院後，他便自立課程，且把自己的研究著述工作分為五門：茶餘偶談、過隙影、饋貧糧、詩文鈔和詩文草。**曾國藩本名子城，中進士後更名國藩，表示其有國家大志之意**。

道光十八年八月，曾國藩請假出都，和凌玉垣、郭嵩燾同行。到湖北船遇大風，十二月到家。那時曾國藩祖父還健在，見他做了翰林，便置酒稱慶，並對他的父親說：

吾家以農為業，雖富貴，毋失其舊。彼為翰林，事業方長，吾家中食用無使關問，以累其心。

因為祖父這段話，曾國藩便專心在讀書人的工作上，年譜有此記載：

> 自是以後，公官京師十餘年，未嘗知有家累。（《曾文正公年譜》）

讀書人所認為重要的事，不外乎遊謁賢祠和修理族譜。家累既用不著曾國藩去管，次年（道光十九年）五月，曾國藩便從家鄉出發，經衡陽到耒陽縣謁杜甫祠堂，六月回家後，從事「議修譜牒，清查源流」的工作。

從這一年起，他開始寫日記，每天把所做的事和所讀的書都記錄下來，這個工作就是「過隙影」。他以超乎尋常的毅力寫日記，**直到他病歿的前一天，日記冊上都還留著新鮮的筆跡**。

道光十九年（一八三九年）十一月，他的第二個兒子誕生，這孩子就是後來在外交界嶄露頭角的曾紀澤（按：一八七八年，任清政府駐英、法公使，一八八〇年兼任駐俄公使）。同時，他動身上北京，父親曾麟書和叔父曾高軒送他到長沙。十二月底經過漢口，路經羅山縣遇到大雪，便留在羅山度歲（按：即過年之意）。到了第二年正月，才換車進京。

第二章

京官窮活，只為打下事業基礎

1 做京官第一為難的，便是窮

吾於道光十九年十一月初二日進京散館，十月二十八早侍祖父星岡公於階前，請曰：「此次進京，求公教訓。」星岡公曰：「爾之官是做不盡的，爾之才是好的，但不可傲。滿招損，謙受益。爾若不傲，更好全了。」遺訓不遠，至今尚如耳提面命。（〈致沅弟季弟・咸豐十年九月二十四日〉）

道光二十年（一八四〇年）正月，曾國藩回到北京，開始了京官生活。他奉著祖父給他的教訓，努力為學，刻苦自勵，不敢絲毫疏忽。十二月，他從關侯廟移居棉花六條胡同，他的父親曾麟書進京，夫人歐陽氏和四弟曾國荃、兒子曾紀澤也都來到北京。過年後，父親曾麟書才住沒多久，便又回湖南；第三年，四弟曾國荃也回去了。

做京官第一件為難的，便是「窮」。所以，曾國藩寫給他家裡的信說道：

孫此刻在京光景漸窘。然當京官者，大半皆東扯西支，從無充裕之時，亦從無凍餓之時。（〈稟祖父母．道光二十一年六月二十九日〉）

男目下光景漸窘，恰有俸銀接續；冬下又望外官例寄炭資。今年尚可勉強支持，至明年則更難籌劃。借錢之難，京城與家鄉相仿，但不勒追強逼耳。（〈稟父母．道光二十一年八月初三日〉）

當時做京官的唯一希望，便是放外缺。但是，曾國藩並不想外放撈錢，寧願窮守著北京讀書。他說：

無論為京官自治不暇，即使外放，或為學政，或為督撫，而如今三江兩湖之大水災，幾於鴻嗷半天下；為大官者，更何忍於廉俸之外多取半文乎？（〈致澄弟溫弟沅弟季弟．道光二十九年七月十五日〉）

曾國藩不把貧困放在心中，所以能安心讀書。他在家信中說：

近因體氣日強，每日發奮用功，早起溫經，早飯後讀《廿三史》，下半日閱詩古文。每日共可看書八十頁，皆過筆圈點。若有耽擱，則只看一半。（〈稟父母・道光二十年十月十九日〉）

這時，他致力於宋代理學，和倭仁、吳廷棟、何桂珍、陳源兗（按：皆為清末理學重要人物）等往復討論，互相勉勵。**他每天寫日記，將一天的過失都寫在上面**，有許多自我苛責的話。此外，他還立了每日生活的規範：

主敬：整齊嚴束，無時不懼；無事時心在腔子（按：指軀體）裡，應事時專一不雜。

靜坐：每日不拘何時，靜坐一會。

早起：黎明即起，醒後勿沾戀。

讀書不二：一書未點完，斷不看他書。

讀史：《廿三史》每日讀十頁，雖有事不間斷。

寫日記：須端楷，凡日間過惡——身過，心過，口過——皆記出，終身不間斷。

日知其所亡：每日記茶餘偶談一則，分為德行門、學問門、經濟門、藝術門。
月無忘所能：每月作詩文數首。
謹言：刻刻留心。
養氣：無不可對人言之事。
保身：謹遵大人手諭，節欲、節勞、節飲食。
作字：早飯後作字，凡筆墨應酬，當作自己功課。
夜不出門：曠功瘟神，切戒切戒。（《曾文正公年譜》）

這幾件事，曾國藩都努力實踐，尤其是早起。他奉先人的教訓，黎明便起，成為習慣。他的「求缺齋」日記，更為一般人所稱道。他曾說：

今吾家椿萱重慶，兄弟無故，京師無比美者，亦可謂至萬全者矣！故兄但求缺陷，名其居曰「求缺齋」，蓋求缺於他事，而求全於堂上，此則區區之至願也！家中舊債不能悉清，堂上衣服不能多辦，諸弟所需用不能一給，亦求缺陷之義也。（〈致溫弟沅弟・道光二十四年三月初十日〉）

從前種種，譬如昨日死

不僅如此，他還怕自己信念不堅，所以在道光二十一年（一八三一年）時改號滌生。取名的意義，據他自己所說：「滌者，取滌其舊染之汙也！生者，取明袁了凡之言『從前種種，譬如昨日死；從後種種，譬如今日生』也。」

同時，曾國藩還負起教育諸弟的責任。他要求幾位弟弟寫完文章後寄到北京，他改閱完畢後再寄回去。四弟曾國荃本來隨他在北京讀書，後來回家了，他便寫信給他的幾位弟弟：

九弟（按：曾國荃族中排行第九，故稱九弟）在京年半，余散懶不努力。九弟去後，余乃稍能立志，蓋余實負九弟矣。余嘗語岱雲（按：曾國藩好友陳源兗）曰：「余欲盡孝道，更無他事；我能教諸弟進德業一分，則我之孝有一分；能教諸弟進十分，則我之孝有十分；若全能不教弟成名，則我大不孝矣。」九弟之無長進，是我之大不孝也。惟願諸弟發奮立志，念念有恆，以補我之不孝之罪，幸甚！幸甚！（〈致澄弟溫弟沅弟季弟・道光二十二年十一月十七日〉）

有這樣的兄長，我想弟弟們應該都深受感動。

道光二十三年（一八四三年）三月，曾國藩升任翰林院侍講，六月任四川正考官，十一月回京覆命。曾國藩居北京四年，經濟狀況並不好，生活過得很儉樸，但他對窮困和疾病死亡的同鄉，必定盡力資助。

曾國藩從四川回來，得到俸銀千元寄家，並拿出一部分錢救濟貧困的親友。他在家書中說：

孫所以汲汲饋贈者，蓋有二故：一則我家氣運太盛，不可不格外小心，以為持盈保泰之道；舊債盡清，則好處太全，恐盈極生虧，留債不清，則好中不足，亦處樂之法也！二則各親戚家，皆貧而年老者，今不略為資助，則他日不知何如？自孫入都後，如彭滿舅曾祖彭王姑母、歐陽岳祖母、江通十舅，已死數人矣！再過數年，則意中所欲饋贈之人，正不知何若矣！家中之債，今雖不還，後尚可還；贈人之舉，今若不為，後必悔之。（〈稟祖父母．道光二十四年三月初十日〉）

曾國藩做了十多年的京官，對其職務十分盡責，而他這種勤懇廉潔的精神，很受一般人欽佩。他說：

余自三十歲以來，即以做官發財為可恥，以官囊積金遺子孫為可羞可恨；故私心立誓，總不靠做官發財，以遺後人。（〈致澄弟溫弟沅弟季弟．道光二十九年一月二十一日〉）

現在衙門諸事，男俱已熟悉。各司官於男皆甚佩服。上下水乳交融，同寅亦極協和。男雖終身在禮部衙門為國家辦照例之事，不苟不懈，盡就條理，亦所深願也！（〈稟父母．道光二十九年四月十六日〉）

曾國藩以這種不苟不懈的精神，廉潔為政，難怪能博得當時京城之盛名。

2 十四件軍國大事，他一一熟讀

在曾國藩的時代，北京是中國的政治中心，一切所見所聞，都比其他地方——尤其是湖南湘鄉——還要來得多。**曾國藩對世界上一切事情都很關心，即使是極小的事，旁人都認為不足注意，或無關輕重，他也絕不輕易放過。**

而至於國家大計、經濟得失，曾國藩自然更加注意。曾國藩在北京任職時，正是中國內亂外患交迫之時。曾國藩所關心的，外患如「英夷」（按：指英國人。「夷」為漢族對異族的貶稱），內亂有「粵匪」太平天國（按：粵在清代為兩廣地區〔廣東、廣西〕的簡稱。太平軍起義於廣西金田村，曾國藩因此稱之為「粵匪」），災害則有黃河決口。

在他的家書中，常常可以看出他關心時務的記述：

英逆去秋在浙滋擾，冬間無甚動作。若今春不來天津，或來而我師全勝，使彼片帆不返，則社稷蒼生之幸也！黃河決口，去歲動工，用銀五百餘萬，業已告竣，臘底又復決口。湖北崇陽民變，現在調兵剿辦，當易平息。（〈稟父母・道光二十二年正月十八日〉）

浙江之事，聞於正月底交戰，仍爾不勝。去年所失寧波府城定海、鎮海二縣城，尚未收復。英夷滋擾以來，皆漢奸助之為虐。此輩食毛踐土，喪盡天良，不知何日罪惡貫盈，始得聚而殲滅。湖北崇陽縣逆賊鍾人杰為亂，攻占崇陽、通城二縣。裕制軍即日撲滅……黃河去年決口，早已合龍，大功告成矣。（〈稟父母・道光二十二年二月二十四日〉）

天下事，處處皆學問

曾國藩不僅關心時務，且對時務有縝密的研究、具體的計畫。道光三十年（一八五〇年）夏季，洪秀全等人在廣西起事，次年聲勢大盛，京師震驚。曾國藩平常就很注意這件事，因此在這時便上奏〈簡練軍實以裕國用〉。

他認為，**天下大患一在國用不足，一在兵伍不精**。此時廣西起事，徵調該省額兵時，竟沒有可用之人，而他省可推想而知。唯有裁汰不需要的軍兵，留下可用之才加以訓練，則不只能省下餉銀，國家也能有可用之軍隊。奏摺最後鈔錄乾隆增兵，嘉慶、道光減兵三案進呈。

此外，曾國藩對於治水運也有特殊見解：

裴耀卿置輸場於河口。河口，即汴水達於黃河之口也！南人舟運江、淮之米，自汴以達河口，吳人不習河漕，便令輸米於河口之倉而去，則吳人便矣！三門，即砥柱山，在洛陽之東；地最險，不可行舟。耀卿於三門之東西，各置一倉；又鑿山開車路十八里，以避三門之險。江、淮之米既輸於河口之倉矣，官為別僱舟，溯河漕至三門之東。視水可通，則徑以舟過；三門水險，則由車路挽過三門，輸入三門以西之太原倉，然後入渭，以漕關中。自江淮至河口，自河口至三門，自三門入渭至長安，凡三次轉搬，乃得達也！今天下之漕糧，概用長運。漕至袁浦，黃高於清，則百端營謀。行灌塘渡舟之下策，虞黃倒汙湖之巨患。種種弊壞，未知所底。

> 故鄙意常欲行搬運之法，於袁浦置倉；楊莊各倉，亦修葺之；分天下之漕艘，半置河以南，半置河以北，每年各運兩次。為河帥者，治河則不顧淮；治淮則不顧河；治運則不顧河淮，庶猶易為力乎？（〈辛亥七月日記〉）

而這只是曾國藩關心時務的一部分而已。從這裡可以看出，**曾國藩所關心的時務，不僅極小，且極為專業**。他認為，**天下任何事都有學問**，而學問之道，在於處處留心，摘錄要點以備查考，以及博覽書籍。

所以，他勸誡諸弟應留心實學，不可專注於功名得失。他認為，天下大事「宜考究者，凡十四宗：曰官制，曰財用，曰鹽政，曰漕務，曰錢法，曰冠禮，曰婚禮，曰喪禮，曰祭禮，曰兵制，曰兵法，曰刑律，曰地輿，曰河渠」。

曾國藩對這十四件政事都十分留意，並且會詳細研究。例如他在工部（按：中國古代負責建設的官署）時，便用心於地理學：「尤究心方輿之學，左圖右書，鉤校不倦，於山川險要河漕水利諸大政，詳求折中。」（《曾文正公年譜》道光三十年）

閒暇時，**曾國藩對軍政大計、各種庶務都已考究詳盡，所以一旦當權，他便能馬上應用**。後來，太平天國聲勢大盛，曾國藩以一介書生之姿，出而致用，撲滅洪秀全、楊秀清，一般人都引以為異。

其實，只要了解他這十多年的京官生活，是如何準備應付事變、如何關心時務、如何虛心研究，便可知曾國藩的成功不是僥倖。

3 成功第一要務：物色幫手

曾國藩的另一個工作，便是觀察人才。當時的北京，一方面是政治中心、商業中心，一方面也是文化中心，各地的名流學者都聚集於北京。

曾國藩知道，**凡做大事業而成功的人，以物色幫手為第一件要事**。十多年的京官生活，使他得到不少人才，以及獲得觀察人才的經驗。

曾國藩做京官不久，便結識很多人才，據他家書中說：

現在朋友愈多：講躬行心得者，則有鏡海先生、艮峰前輩、吳竹如、竇蘭泉、馮樹堂；窮經知道者，則有吳子序、邵蕙西；講詩文字而藝通於道者，則有何子貞；才氣奔放，則有湯海秋；英氣逼人，志大神靜，則有黃子壽。又有王少鶴，名錫振，廣西主事，年二十七歲，張筱浦之妹夫；朱廉甫，名琦，廣西乙未翰林；吳莘畬，名尚志，廣東人，吳撫臺之世兄；龐作人，名文壽，浙江人。此四君者，皆聞予名而先來拜；雖所造有淺深，要皆有志之士，不甘居於庸碌者也！京師為人文淵藪，不求則無之，愈求則愈出，近來聞好友甚多，予不欲先去拜人，恐徒標榜虛聲；蓋求友以匡己之不逮，此大益也！標榜以盜虛名，是大損也！（〈致澄弟溫弟沅弟季弟．道光二十二年十二月二十日〉）

曾國藩很關心弟弟們的交友情況，他說：

鄉間無朋友，實是第一恨事。不惟無益，且大有損。習俗染人，所謂與鮑魚處亦與之俱化也！兄嘗與九弟道及，謂衡陽不可以讀書，漣濱不可以讀書，為損友太多故也！（〈致澄弟溫弟沅弟季弟．道光二十三年正月十七日〉）

所以，他不惜自遙遠的京師寫信給弟弟，教他們交友的道理：

香海為人最好，吾雖未與久居，而相知頗深，爾以兄事之可也；丁秩臣、王衡臣兩君，吾皆未見，大約可為弟之師。或師之，或友之，在弟自為審擇。若果威儀可則，淳實宏通，師之可也。若僅博雅能文，友之可也。（〈致溫弟・道光二十三年六月初六日〉）

從小處觀察，挖掘人才

何璟（按：清代政治人物）說曾國藩「昔官京師，即已留心人物」，但他觀察人，並不以貌取人。例如羅澤南「貌素不揚，目又短視」、駱秉章「如鄉里老儒，粥粥（按：音同住，謙卑的樣子）無能」（按：兩人都為湘軍將領），曾國藩也都能傾心相好，許為奇才。

曾國藩觀察人才，能注意到極小的地方。

例如：羅澤南少年時抑鬱潦倒，但曾國藩因為他「十年之中，連遭期功之戚十有一，嘗以試罷，徒走夜歸，家人以歲饑不能具食，妻子以連哭三子喪明」，仍能「益自刻厲，窮年汲汲，與其徒講論濂、洛、關、閩之緒」，所以相當推崇他，並倚如右手。

又例如江忠源（按：湘軍名將），因為他能扶鄒柳溪、鄧鐵松兩友的靈柩，行數千里，曾國藩讚許他為俠士。見他做秀水縣知縣，署內一貧如洗，「辦賑務，辦保甲，無一不合於古」，所以在咸豐皇帝登基時，曾國藩極力保薦他。

塔齊布（按：受曾國藩推薦而參與湘軍組建），因為他總是早起，朝朝認真練兵，曾國藩相當賞識他。後來，**曾國藩上書推薦塔齊布，並說：「塔齊布將來如打仗不力，臣甘同罪。」**其知人有如此者。

世傳曾國藩精於麻衣相法（按：以人的面貌、五官、骨骼、氣色、體態、手紋等推測吉凶禍福、貴賤夭壽的相面之術），其實毫無根據可言。曾國藩是因觀察入微，且有長時間的經驗，才能有超人般的知人之明。他觀人的方法，「以有操守無官氣，多條理而少大言為主」。而**他最瞧不起的，便是大言不慚的人**。

曾國藩「冷眼識英雄」，收藏了不少人物在他口袋裡；一旦需要時，他便能不慌不忙，把平常記下來的人才分配到各種職位與事務，且他們都能一一勝任。

後來，與太平天國對戰時，曾國藩幕府中人才之盛，一時無二，清政府才能靠著他們的力量，消滅太平天國，這絕對要歸功於曾國藩做京官時總不忘觀察人才。

4 拙誠的力量，改變朝廷風氣

曾國藩從道光二十年（一八四〇年）進京，受職翰林院檢討（按：文官官職名，職責為輔佐主官，為基層官員編制之一）起，道光二十一年充國史館編修官，二十三年補授翰林院侍講，二十四年轉補翰林院侍讀，二十五年充文淵閣直閣事，到這時名聲已經慢慢顯耀了。

接著，他於道光二十七年升內閣學士，二十九年升禮部侍郎兼兵部侍郎。如此接續著升官，若換做其他人一定得意忘形，可是曾國藩官位越高，越是更加警惕。他拿著國家的俸祿，就要為國家做事，而不願尸位素餐。

當時清政府昏庸無能，一般做臣僚的人，只管吃糧不管事，滿朝群僚少有逆耳之言進於朝廷者。因為說話就可能招禍，不說話是明哲保身之道。

曾國藩眼看著內憂外患，國事將不可收拾，想提倡率直的風氣，一掃為政者畏懼、退縮的弊病，所以他**便在咸豐元年，上奏**〈敬陳聖德三端預防流弊疏〉。奏摺呈上後，引起滿朝官僚的注意，大家都替他擔心。但**那時的咸豐皇帝還算比較開明**，且當值登基之始，正想籠絡時望，所以曾國藩沒有遭遇什麼不測之禍，而他耿直的聲名，也因此為大家所知。

關於他這次上奏摺的用意，他在家書中寫得很明白，正是**希望趁此機會向皇帝進言，絕除阿諛的風氣**：

余之意，蓋以受恩深重，官至二品，不為不尊；堂上則誥封三代，兒子則蔭任六品，不為不榮。若於此時，再不盡忠直諫，更待何時乃可建言？而皇上聖德之美，出於天亶自然。滿廷臣工遂不敢以片言逆耳；將來恐一念驕矜，遂致惡直而好諛，則此日臣工不得辭其咎。是以趁此元年新政，即將此驕矜之機關說破，使聖心日就兢業，而絕自是之萌，此余區區之本意也。

現在人才不振，皆謹小而忽於大，人人皆習脂韋唯阿之風。欲以此稍挽風氣，冀在廷皆趨於骨鯁而遇事不敢退縮，此余區區之餘意也。（〈致澄弟溫弟沅弟季弟‧咸豐元年五月十四日〉）

曾國藩做京官時，便想以少數人的身體力行，改變朝野風氣，所以他能不懼危險、勇敢進言。這種「拙誠」，最初看不出有什麼力量，但當日子一長，力量就變得很大，自然形成一時風氣。

在曾國藩晚年時代，朝野都充滿一種樸實的氣氛，一時之間，政界的生活姿態都以曾國藩為依歸，便是有力的證據。

第三章

文官撕了辭職信，組建一支軍

1 創辦湘鄉團練

咸豐二年（一八五二年）六月，曾國藩被任為江西鄉試正考官。他自從道光十九年（一八三九年）冬天到北京做京官，從翰林七升到侍郎，在這十多年的時間中，每次想請假回家省親，最終都沒有實現，這時他既然得到江西鄉試的工作，便想在考試完畢後，順道回家鄉休息兩個月。

曾國藩在該年六月二十四日離開北京，七月二十五日行經安徽省太和縣的小池驛時，收到他母親逝世的消息。「一出家輒十四年，吾母音容，不可再見」，他心中的悲痛應該不難想像。曾國藩也沒有心思到江西當主考官了，連忙換了喪服，趕回家鄉。

那時，太平天國的聲勢已經很大。自道光三十年（一八五〇年）夏天，洪秀全等人在廣西金田村起事後，擊敗雲南救兵，雲南提督張必祿戰死。第二年的秋天，洪秀全破永安（按：位於福建），建國號太平天國。這使得清政府慌了手腳，於是先後派出陝西固原提督向榮、欽差大臣賽尚阿，率領各部軍隊包圍他們。但因將領不和，包圍永安四個月，最終仍沒有攻破。

太平軍勢力逼近

咸豐二年春，太平軍衝破清軍包圍，北上攻打桂林。烏蘭泰（按：參與永安包圍太平軍的將領之一）追太平軍，中炮陣亡。向榮趕回桂林防守，太平軍攻桂林三十多天沒有成功，便繼續北上破全州，經由水道進入湖南省，遇到江忠源帶領鄉勇扼守全州蓑衣渡，雙方激戰兩晝夜。

於是，太平軍棄輜重（按：跟隨作戰部隊行動，提供後勤補給、後送、保養等勤務支援的必要人員、裝備與車輛），改走陸路，連破道州、桂陽、郴州等處。太平天國西王蕭朝貴孤軍深入，力攻長沙，中炮陣亡。洪秀全、楊秀清在郴州得知消息，便引軍趕到長沙。

長沙清軍兵力雄厚，太平軍猛攻三月仍無法攻破，於是渡湘水破益陽，過洞庭湖，直取岳州。守岳州的清軍棄城而逃，據傳太平軍在此獲得吳三桂祕密埋藏的大量兵器。

於是封船五千多艘，順流東下，十一月攻陷漢陽，十二月占領了武昌。

太平軍得武昌，也就是占據長江上游的險要，一時聲勢大盛，各地土匪也都乘機起事。湘鄉這個地方因此很不平靜，曾國藩便指導同鄉羅澤南、李續賓、王鑫（古同珍）、劉蓉等人團練鄉勇，以保衛地方，當時的湘鄉團練頗富聲名。

這時，曾國藩接到「上諭」。**清政府因曾國藩籍隸湘鄉，必然熟悉湖南地方人情，命他辦理本省團練鄉民、搜查土匪等事。**他接到這個「上諭」後便擬上疏懇辭，說明**他不願接受這個任務的原因，一是母親之喪尚未處理完畢，二是清廷要他辦理之事益處少而擾民多：**

聞訃到家，僅滿四月。葬母之事，草草權厝，尚思尋地改葬。家中諸事，尚未料理。此時若遽出而辦理官事，則不孝之罪滋大。且所辦之事，亦難尋頭緒。若其認真督辦，必須遍走各縣，號召紳耆，勸其捐資集事；恐為益僅十之二，而擾累者十之八。若不甚認真，不過安坐省城，使軍需局多一項供應，各官多一處應酬而已。（〈致歐陽牧雲．咸豐二年十一月十四日〉）

但是，**一個有才幹的人，社會是絕不肯讓他埋沒自己的天賦**。這時，湖南巡撫張亮基寫信給曾國藩，報告武昌失守，人心惶恐，請他出來主持。此外，曾國藩的好朋友郭嵩燾也親自到他家中，勸他出來保衛地方。

湖北失守，長沙人心惶惶，曾國藩覺得自己有出來保護桑梓的必要，因此便毀棄上書給清政府懇請辭職的疏文，在咸豐二年十二月十七日，自湘鄉動身，前往長沙。

2 一開始，他根本無意要對抗太平天國

咸豐二年（一八五二年）十二月二十一日，曾國藩到達長沙，和張亮基討論的結果，認為先以稽查城內土匪奸細為要務，操練則在其次。

長沙省城兵力單薄，行伍空虛，沒有守禦的能力，因此他們主張在省城建立大「團」，招募各省曾受過訓練的鄉民，再加以嚴格訓練，一方面能剿捕土匪，一方面也能增加防守省城的兵力。

清政府當初命令曾國藩幫辦（按：清代官制，為幫助主官辦理公務的人）**團練，並沒有希望靠他撲滅太平天國，只是要他訓練鄉民自衛的力量，謀求地方的安全。而曾國藩創辦團練的初意，也是為了「搜剿土匪，安定地方」**。當時，他非但沒有想要擴充力量和太平天國對抗，也根本不願以文人操兵事，在這個「是非之場」多戀戰。

曾國藩在出發時，便向清政府預先說明，若地方安定下來，他就要回鄉繼續守喪：

臣在京供職十有四年，今歲歸來，祖父母之墓已有宿草，臣母之葬，亦未盡禮，若遽棄庭闈出而蒞事，萬分不忍，請俟賊氛稍息，團防之事辦有頭緒，即當回籍守制，以遂烏私。（《曾文正公年譜》咸豐二年）

所以，後來曾國藩因辦團練而立湘軍，接著撲滅太平天國，完全出乎清政府的意料，曾國藩自己也是始料未及。

被稱為「曾剃頭」，曾國藩真的好殺？

那時，清政府的正規兵相當腐敗，平時無惡不作，打仗時勝則相妒，敗不相救。曾國藩看到江忠源所帶壯勇兩千，十分可靠，便留他在長沙防守。此外，又指導羅澤南、王鑫率領湘鄉練勇三營，仿明代將領戚繼光束伍成法，加緊操練，並親自為他們擬定訓練章程，這就成為後來湘軍的中堅。

曾國藩又認為「團練」二字，應當分為兩個層面：「團，即保甲之法；清查戶口，不許容留匪人，一言盡之矣。練，則養丁、請師、製旗、造械，為費較多，鄉人往往疑

畏不行。今練或擇人而舉，團則宜遍地興辦，總以清查本境土匪以絕勾引為先務，遂設一審案局。」（《曾國藩名言類鈔》）

此外，他認為團練和兵勇性質完全不同。說到平亂，只有團練而沒有兵勇固然不夠，但只有兵勇而沒有團練，也不夠用。這兩者是相輔而成、缺一不可的。曾國藩認為，團練的功用大概如下：

第一，在尚未匪化的地方，須用團練，也只有用團練，做預防的工作，將潛伏的散匪肅清，使其不致糜亂，又變成匪區。

第二，在有被匪竄擾的危險地方，可用團練做防禦工作，以防禦小股匪眾，而不必調用軍隊。

第三，在有小股匪眾，不及五百以上的地方，可用團練做剿辦工作，以免分散他處剿匪軍隊的力量。

第四，在匪眾既不甚多又不甚少的地方，可用團練在軍隊的後方或側方做輔助工作，以增加軍隊的聲勢。

第五，在有大股匪眾的地方，經過軍隊剿辦奏效以後，宜用團練做善後工

作，以恢復秩序、肅清殘匪，免致再遭糜亂，也可免軍隊長期留守，不夠分配。（陳啟天《胡曾左平亂要旨》）

曾國藩所主張的團練，還包括「保甲」和「碉堡」在內。「保甲就是鄉村的組織方法，求其便於清查戶口，實行連坐，使人民自行清除內奸，與匪類造成對抗的形勢。碉堡是鄉村的一種防守工具，求其便於堅壁清野，避免掠奪。團練是地方人民自衛的武力組織，求其便於剿辦境內武裝的小股土匪。三項須同時並舉，乃能完成人民的自衛能力，對境外可以相當防守，對境內可以徹底清鄉。」（《胡曾左平亂要旨》）

咸豐三年（一八五三年）正月，曾國藩在長沙督辦衛團，委託黃廷瓚、曹光漢等人編查保甲。為了不引起民眾反感，他用的是書函勸諭，而不以公牘告示。

同時，曾國藩認為要把保甲辦好，第一件事便是要和各地士紳合作，所謂「以各縣之正人，辦各縣之匪徒」。他認為創設團練，以查辦土匪為第一要務，而以訪求各地公正紳耆為下手工夫。所以，他發信給各府州縣士紳：

團練之難，莫難於集費，宜擇地擇人而行之。目前急務，惟在清查保甲，分別良莠，以鋤暴為安良之法，遇有匪徒，密函以告，即行設法掩拿處辦，庶幾省文移之煩，可期無案不破。（《曾文正公年譜》咸豐三年）

曾國藩認定查辦土匪為第一要務，因此他便在長沙城中魚塘口的行轅（按：軍事統帥在某一區域開設，有高級軍官代理辦公的官署）**設立審案局**，委託專人承審，並立刻雷厲風行的處理相關事務。

他認為在這種亂世中，各地盜多如毛，若不用重刑則不足以鎮壓。尤其辦事之初，得先立下威嚴。抓到匪徒之後，要立刻嚴加審訊，並分為會匪、散匪、盜匪及尋常痞匪等名目，按罪行處辦。又因各地匪徒滋擾，導致商旅裹足不前，曾國藩因此將強封民船的川兵三人梟首示眾（按：將首級斬下，並在鬧市懸首示眾），這才使湘江恢復商運。

曾國藩初辦團練，殺戮很多，時人稱他為「曾剃頭」。其實，曾國藩以文人之姿出掌軍事，何至於好殺？只是迫於環境，手段必須凶狠一點罷了。

3 湘軍成形第一步，建水師

太平天國在咸豐二年十二月破武昌，將軍隊稍稍整理一下，便在咸豐三年（一八五三年）陰曆正月初一出發東進，順流而下，旌旗蔽江。不到一個月時間，便連破九江、安慶、太平、蕪湖，直抵江寧（今南京）。

這時，太平軍水陸號稱百萬，七天後江寧遭攻破，洪秀全便將江寧改名天京，並定都於此。不久後，太平軍又占領了鎮江和揚州。

清軍向榮在背後追趕，追到南京時城破已十天，便在城東紮營；同時，欽差大臣琦善也帶了各路北軍攻圍揚州。兩邊便分別稱為江南大營和江北大營。

曾國藩看到太平天國的聲勢浩大，**他很清楚腐敗的清軍，遠非新興勢力太平軍的對手。而自己所辦的團練，規模太小，勢力仍不足以抵抗大敵**，他說：「團練保衛鄉里，法當由本團醵金養之，不食於官，緩急終不可恃。不若募團丁為官勇，糧餉取諸公家，請就現調之千人，略仿戚元敬氏（按：戚繼光）成法，束伍練技，以備不時之衛。」（〈湘鄉昭忠祠記〉）又說：「初到長沙之時，即奏請練勇以為剿辦土匪之用。」這時，**曾國藩慢慢從辦團練到練習新軍，團練逐漸變成正式軍隊，形成所謂的「湘軍」**（按：此時仍稱為「湘勇」。咸豐十一年〔一八六一年〕曾國荃率湘勇攻克安慶後，朝廷才改稱為湘軍）。

這時，江忠源被任命為湖北按察使，奉清政府之令前往江南大營處理軍務。江忠源寫信給曾國藩說：「今日辦賊之法，必合江、楚、皖各省造戰船數百艘，調閩、廣水師數千人，先肅清江面，而後三城可復。否則沿江各省後患方長。」曾國藩覺得這段話說得很有道理，便開始思考創立水師。

從零開始創建水師

江忠源走後，曾國藩仍舊盡心操練鄉勇。那時塔齊布任長沙營都司，具有將才，但沒有人知道。曾國藩一見傾心，便命他兼管辰勇、湘勇，勤加操練，成為一股強大勢力。不久後，曾國藩五弟曾國葆募湘勇營一營，駐守長沙南門外。曾國藩很看重塔齊布和諸殿元兩人的才能，上呈奏摺推薦，懇請破格採用，並說塔齊布將來如打仗不力，「臣甘同罪」。

江忠源奉令幫助江南大營，走到九江時，適遇太平軍回攻長江上游，領著戰船數百，再占安慶。於是他立即趕到南昌，籌備防守。部署才剛定，太平軍已經趕到，大舉圍攻。江忠源向湖南請求支援，曾國藩不敢怠慢，便令江忠淑從瀏陽赴江西，朱孫詒從醴陵赴江西，夏廷樾、郭嵩燾、羅澤南帶兵勇一千四百人，從醴陵繼進，援助兵勇共計三千六百人。**這是湘勇第一次出境作戰**。

當時，提督鮑起豹和曾國藩意見不合，營兵和湘勇不合，而發生械鬥。因此，曾國藩在咸豐三年八月移駐衡州。衡陽廩生彭玉麟很受曾國藩的器重，加上湘陰外委楊載福也應召來營，曾國藩便令他們幫辦曾國葆營務。而曾國葆認為以彭玉麟、楊載福之才，應獨任一軍，不該屈為幫辦。曾國藩這時正想創立水師，便叫他們兩人各募水勇暫一營。**曾國藩的水師便由此開始**。

太平天國攻南昌不得下，便轉而謀武昌。清兵接戰不利，清政府因武昌危急，命令曾國藩帶兵勇船炮赴下游作戰，以救武昌。太平軍因為清兵阻檔，不久後便退回漢陽黃州。曾國藩上疏，稱武昌聞已解嚴（按：解除戒嚴〔戰時或非常時期採取軍事管制措施〕，恢復平時的狀態），暫緩赴鄂。又因為太平軍「以舟楫為巢穴，長江千里，任其橫行，欲加攻剿，惟以戰船為第一先務」。所以他便暫時不謀移動，留在衡州專心辦理水師。

這時，**湘勇營制已經確定**。以三百六十人為一營，每營用長夫（按：軍隊中徵用、做勞役工作的平民）一百四十人，合計五百人。曾國藩把選將的標準，定為四條：第一是才堪治民，第二是不畏死，第三是不急名利，第四耐辛苦，又定營規幾十條，以統一軍制。

當時，太平軍已退出湖北，並在安徽擴充勢力。清政府令江忠源為安徽巡撫，又命令曾國藩趕辦船隻炮位，由洞庭湖駛入長江，和江忠源水陸夾擊。**曾國藩因為水師訓練未成，不肯冒險行事，清政府對此有所不滿。但曾國藩的主張無可動搖，他並不因貪圖急功而變更預定計畫。**

曾國藩非但自己不肯輕易出戰，還勸告他的座師湖廣總督吳文鎔：

今日南北兩省，且以堅守省城為主，必俟水師辦成，乃可言剿。

吳文鎔後來受不了清政府的不斷催促，只得應戰，他遺書給曾國藩說道：

吾意堅守，待君東下，自是正辦。今為人所迫，以一死報國，無復他望。**君所練水、陸各軍，必俟稍有把握，而後可以出而應敵。**不可以吾故，率爾東下。東南大局，恃君一人，務以持重為意，恐此後無有繼者，吾與君所處固不同也。

（《曾文正公年譜》咸豐三年）

曾國藩在衡州創立水師時，沒有既成方法可用，他苦惱於無從著手。因此，每次遇到廣東官員，以及年長舵工、行船之人，曾國藩必定會虛心請教，同時竭力研究、日夜苦思。後來他和廣西同知（按：清代文官官職名，職責通常是輔佐知府處理行政事項）褚汝航、夏鑾等人商議後，才決定仿製廣東拖罟、長龍、快蟹等各種船式，集合衡州工匠依式製造，並命令守備成日標為監督。

另外，他又命褚汝航到湘潭分設一廠，監造戰船。戰船造成後，邀請黃冕（按：當時在江西任職，協助曾國藩湘軍抵抗太平天國）來看，而他貢獻意見：「吾出入兵間十餘年，所見軍容整齊，無及此者。然長江千里，港汊（按：河道的支流）紛歧，賊船易於藏匿。江南小戰船曰舢板者，每營請添十號，以備搜剿港汊之用。」

曾國藩認為黃冕的建議很好，便立即改定營制。每營包括快蟹一艘，由營官統領；長龍十艘為正哨，舢板十艘為副哨。快蟹有槳工二十八人，櫓八人；長龍有槳工十六人，櫓四人；舢板有槳工十人。每艘船另置炮手三人、槍長一人、頭工二人、柁工一人、副柁二人。其餘則有拖罟一艘，為座船。湘軍水師的制度，至此已完全確立。

第四章

屢戰屢敗屢屢自殺，敗局中找勝算

1 湘勇第一次交戰失利

曾國藩在衡州整治水陸各軍，訓練成功，便決意東出。那時江忠源戰死廬州，吳文鎔戰死黃州，武昌已在太平軍包圍之中。

咸豐四年（一八五四年）正月，曾國藩從衡州出發，集軍湘潭。有新舊戰艦兩百四十艘、座船兩百三十艘。水師十營，其中由衡州招募的六營，由成日標、諸殿元、楊載福、彭玉麟、鄒漢章、龍獻琛統領；從湘潭募來的四營，由褚汝航、夏鑾、胡嘉垣、胡作霖統領。水師以褚汝航為各營總統。

另外有陸師十三營，由塔齊布、周鳳山、儲玫躬、林源恩、鄒世琦、鄒壽璋、楊名聲、曾國葆統領，而以塔齊布為先鋒。

水、陸軍一萬七千人自湘江而下，軍容極盛。**曾國藩深知出師之初，若未確立立場，則不足以使軍民擁護。同時，他也知道太平天國容易引起人民同情，但太平天國最**

大的弱點，就在於違背中國固有習俗、絕滅中國固有禮教，必須揭露他們的這個弱點，才能激起一般書生和農民的義憤，使大家因信仰不同而與太平天國為敵。

因此，他寫下〈討粵匪檄〉：

> 逆賊洪秀全、楊秀清稱亂以來，於今五年矣……婦女不肯解腳者，則立斬其足以示眾婦……。
>
> 自唐虞三代以來，歷世聖人，扶持名教，敦敘人倫，君臣父子，上下尊卑，秩然如冠履之不可倒置。粵匪竊外夷之緒，崇天主之教，自其偽君偽相，下逮兵卒賤役，皆以兄弟稱之。謂惟天可稱父，此外凡民之父，皆兄弟也；凡民之母，皆姊妹也。農不能自耕以納賦，而謂田皆天王之田；商不能自賈以取息，而謂貨皆天王之貨；士不能誦孔子之經，而別有所謂耶穌之說，《新約》之書。**舉中國數千年禮義人倫，《詩》、《書》典則，一旦掃地蕩然，此豈獨我大清之變？乃開闢以來名教之奇變，我孔子、孟子之所痛哭於九原**。凡讀書識字者，又烏可袖手安坐，不思一為之所也？
>
> ……李自成至曲阜，不犯聖廟；張獻忠至梓潼，亦祭文昌。粵匪焚郴州之學

宮，毀宣聖之木主。十哲兩廡，狼藉滿地。嗣是所過郡縣，先毀廟宇，即忠臣義士，如關帝、岳王之凜凜；亦皆汙其宮室，殘其身首，以至佛寺、道院、城隍、社壇，無廟不焚，無像不滅……。

兩場敗仗，為曾國藩上了一課

該年二月，太平軍攻破岳州。曾國藩到達長沙，預備進援武昌，聽說太平天國名將石祥貞等人已連破岳州、湘陰，並進占寧鄉，他便派諸軍分道迎敵。儲玫躬在寧鄉小勝，靖港、新康的太平軍也失利，而褚汝航率領水師向湘陰猛進。

貴州候補道胡林翼，這時應吳文鎔的調遣，從貴州帶領練勇六百名到湖北，在路途中聽說吳文鎔已經戰死，太平軍大至，被阻而不能前進。曾國藩曉得胡林翼可用，便將他調回湖南，且向清廷奏稱「林翼之才，勝臣十倍，將來可倚以辦賊」。

太平軍因為寡不敵眾，選擇拋棄岳州。曾國藩便進駐岳州，肅清餘敵。三月，他帶領水陸師北進，水師剛出洞庭湖，便遇上大風，戰船漂沉幾十艘，且有多名勇夫溺斃；陸軍則繼續前進，被太平軍邀擊大敗，退回岳州。太平軍乘勝追擊，曾國葆、鄒壽璋、楊名聲等營都潰敗、退入城內。太平軍便圍攻岳州。曾國藩只得一面派水師登岸抵擋，一面撤出城中軍民，退回長沙。

太平軍得到這個機會，便乘勝沿湘江而上，駐軍靖港。一方面又派軍隊襲取湘潭，占據長沙上游。四月初，曾國藩親督水師，進擊靖港，適逢西南風發，水流很急，戰船無法停泊，而被太平軍攻擊，兵勇潰散，戰船被焚或被太平軍奪去。

曾國藩創設水師起，便竭力經營，**失利於岳州，後來又挫敗於靖港，憤急之餘，兩次投水自殺，都被左右救起，得以不死**。

幸虧塔齊布從崇陽回援湘潭，出乎太平軍意料之外，連日激戰，太平軍因而失利。曾國藩聽說陸軍獲勝，便急忙派出水軍助戰，四月九日便攻下湘潭。**這是太平軍出師後的第一次大敗**。

這時，曾國藩相當痛苦。因為他花費許多財力，卻沒有立即創下戰果。當時他在岳州退敗、回駐長沙，駐營於南門外高峰寺。一般百姓已因湘勇屢次潰退而有所不滿，至於官紳之中也有譏諷、甚至提出彈劾的。曾國藩氣憤之下，屢次要想自殺，薛福成（按：清代政治人物，於同治四年〔一八六五年〕入曾國藩幕府）曾敘述那時的情形：

初次出師，援岳州、援長沙，皆不利。世俗不察，交口譏議，甚者加意侵侮。當是時，勢力既不行於州縣，號令更難信於紳民；蓋不特籌餉籌防，事事掣肘（按：受牽制）已也。（《庸盦文集》）

曾國藩回到長沙後，重整水陸各軍，在衡州、湘潭設兩廠，繼續造船；此外又另募新勇，嚴加訓練。**岳州和靖港的兩次敗創，固然減損了當時曾國藩的聲譽，但同時也使他獲得很多教訓。**

第一，這一次的戰敗，讓曾國藩得到許多作戰的實際經驗；第二，**戰敗也讓曾國藩了解到「兵貴精而不貴多」，兵多反而成為打仗的累贅，**所以他後來便規畫「減兵省食」。**湘軍早起早食、嚴厲營規，都是在這次戰敗後確立。**

2 太平軍三次占領武昌

湘潭既失，太平軍在湖南失去牽制的力量，便把岳州的軍隊撤回湖北。而留在湖南的太平軍，這時聚集在華容，圍攻石首未成，於是便聯合駐守於監利的軍隊回攻岳州，重複占領。另外，又分軍攻擊西湖，破龍陽、常德，聲勢大振。

至於湖北，武昌被太平軍圍攻，城中已數月無糧，守兵疲乏，居民也幾乎都搬離了，清巡撫青麟出家財犒軍。咸豐四年六月二日，武昌城失守，青麟欲自殺，被阻止後逃往長沙，後來又到荊州，最後為咸豐所誅。

曾國藩分三路進兵。塔齊布、褚汝航為中路，進攻岳州；胡林翼為西路，進攻常德；江忠淑、林源恩為東路，進攻崇陽、通城。太平軍聽到湘軍大至，便集中常德澧州的軍隊，退保岳州。

曾國藩調羅澤南、周鳳山等人攻打岳州，七月一日，湘軍靠著連勝之勢，直逼至長沙城下。太平軍曉得情勢已抵擋不住，便連夜退出岳州，堅守城陵磯。

七月三日，太平軍反攻。湘軍分五隊迎戰，太平軍大敗，失去船隻七十六艘，士兵死傷一千多名。曾國藩在七月十五日到岳州，第二天和太平軍戰於白螺磯，湘軍大敗，失去船隻三十多艘，褚汝航、夏鑾戰死，水師幾乎全軍覆沒，只有楊載福、彭玉麟等退守要害，阻擋敵軍。曾國藩收拾殘餘，以同知的俞晟代褚汝航缺。湖南巡撫駱秉章派人造船，供給湘軍之用。

這時，塔齊布軍戰勝太平軍，太平天國丞相曾天養戰死，塔齊布軍便在該年閏七月二日，大風雨中進攻城陵磯。太平軍沒有防備，失去十三個營壘，兩千兵卒死亡。湘軍水師便乘勝開進長江，毀掉兩岸太平軍的營壘九個、炮臺三個，進駐螺山。清荊州將軍官文派兵助戰，連破蒲圻（按：今湖北赤壁市）、嘉魚。清總督楊霈經營北路，也在八月初奪得蘄水、廣濟、羅田等地。

曾國藩趁這個機會，命令水陸軍分道進攻，激戰兩天，武漢城外太平軍的營壘及江面船隻，完全破平。**七月二十三日，湘軍克復武昌，荊州軍克復漢陽，不久後黃州也克復了**。

曾國藩既得武漢，便分道逼下游。太平軍在田家鎮分六千人為兩軍：一軍屯大冶，抵禦武昌縣的敵人；另一軍屯興國，抵禦金牛鎮的敵人。部署粗定，而清軍水陸並進，像暴風雨般到來，太平軍不能敵。塔齊布在九月占大冶，羅澤南克興國，十月楊載福、彭玉麟占田家鎮蘄州，十一月塔齊布、羅澤南進占黃梅，於是湖北境內，幾乎沒有太平軍用武的地方了。

收復湖北，又遭太平軍奇兵逆襲

聽聞武漢復得，咸豐皇帝大喜，便命令曾國藩署理湖北巡撫，叫他領軍從九江安慶進南京。曾國藩因母喪尚未除服便擔任官職，得罪「名教」，因此不敢接受，請辭巡撫。清政府給曾國藩兵部侍郎銜，使其得以專心治軍，另以陶恩培代其任。

清政府又因為既予曾國藩東征重任，事權不可不專，因此下令自桂明以下文武各員，均歸節制（按：指揮管轄）。倘有不遵調遣，或「遷延畏葸，貽誤事機」，都命曾國藩專銜參奏（按：向朝廷檢舉官員失職的罪狀）。**曾國藩的權力，此時大盛——這年曾國藩四十四歲。**

這時，胡林翼已從貴東道升任四川按察使，便調任湖北協辦軍務。十一月，曾國藩進兵江西，水師直達湖口，曾國藩進駐九江城外，塔齊布駐兵九江南門。曾國藩又調胡林翼、王國才來九江助戰。這時蘄州以下，西自九江、東至饒州，都在太平軍勢力範圍內，而德化、小池口、湖口各個要隘，因為是入皖（按：安徽）門戶，駐守更多重兵。太平天國翼王石達開在安慶，又遙為聲援。所以清兵雖分路襲擊，互有勝負，但九江湖口一時不能攻下。

十二月十二日，水師舢板駛進鄱陽湖，攻擊太平軍。追到大姑塘，太平軍築壘斷其後路，舢板船便無法出來。而在外江的都是快蟹、長龍等大船，周轉不靈，太平軍便乘機用小船夜襲，敗退九江大營。

二十五日，**太平軍第二次用小艇夜襲湘軍水師**，放火燒掉十多艘戰船，**曾國藩的座船也在這時被太平軍獲得**，丟失了文卷冊牘。曾國藩連忙換上小船，逃到羅澤南陸營中。**他因為這次失敗，差點被敵軍活捉，十分憤慨，便想「以身殉國」，草遺疏一千多字，便想單人匹馬赴敵營，經羅澤南、劉蓉等幕友力勸，才打消念頭。**

太平軍因為清軍圍攻九江，便想再占上游，以分散敵軍軍力，於是便分軍打湖北。這時，楊霈正集軍兩萬駐守廣濟，因為是舊曆年底，軍中喝酒過年，沒料到太平軍突然到來，放火燒營，楊霈在倉皇中突圍，退敗蘄水。

咸豐五年（一八五五年）正月，太平軍集中蘄州，進攻漢口。楊霈不敢回武昌，引兵駐守德安。於是，太平軍便連破漢口、漢陽，分兵四出，湖北又復大震。曾國藩攻九江不得，聽到上游告急，便將全軍分為四路：陸軍七千由胡林翼統領，進兵武昌；水軍一百三十艘由俞晟、彭玉麟、李孟群等統領，沿江而上；上留塔齊布以五千人圍九江；派羅澤南以三千人分攻廣饒。他自己則抽身到南昌，和巡撫陳啟遇籌劃添造船炮，別設水師三營。

楊霈躲在德安，因此守武昌的只有陶恩培兵兩千。這時太平軍已占漢陽，怕江西援軍襲其後路，不敢猛進，只在沿江設壘，暫取守勢。不久後，曾國藩派出的水陸軍抵達，分屯武昌上下游。僵持一個多月，太平軍仍無法自漢陽直接渡江圍武昌，**太平軍將領韋志俊**便出奇兵，從興國通山北進青山襲擊清軍，結果在**二月十七日再破武昌**，清將陶恩培戰死。

這時，胡林翼已調湖北布政使，和李孟群等人駐兵城外，聽到武昌不保的消息，連忙派兵救援，但已來不及，便連夜渡江召集潰兵，回屯金口，等待時機。清廷命令胡林翼署理湖北巡撫，更令曾國藩分軍赴援。武昌居長江上游，形勢最是緊要。

到這時為止，太平軍已是第三次占領武昌了，而太平軍將領韋志俊每次都參加戰役，軍中於是有「韋國宗三打湖北」的說法。到這時，**太平軍的勢力依然屹立湖北，安徽、江西仍在其掌握之中**。曾國藩的軍事，更難見效了。

3 坐困南昌，無勝算

太平軍於咸豐五年二月十七日第三次克復武昌，清廷便敦促曾國藩分兵回援。曾國藩因為用兵日久，擔憂軍餉分配，認為「千里馳突，不如堅扼中段」，決定九江圍師堅持勿動。他又多次寫信給胡林翼說：「論東南大勢，以武昌據金陵上游，為必爭之地。宜厚集兵力，為恢復之計。」胡林翼也認為他說得有道理。

是年四月，曾國藩從南昌到南康訓練水軍，專備內湖之用。這時，江西巡撫陳啟邁和曾國藩意見不合，凡是糧食軍火一切軍需，陳啟邁時常刁難、駁斥。曾國藩積憤已久，便向清政府奏參陳啟邁。彈劾生效，清廷命文俊代為巡撫，江西政局正當多事之時，塔齊布病逝於駐守九江的軍隊中。

曾國藩從南康趕到九江，命周鳳山指揮這一軍。而水軍攻湖口又敗，他再從九江趕到青山，安撫餘軍。六月二十五日才回駐南昌。

這時，**曾國藩在江西沒有進占的希望，只有牽掣的力量。**他說：

余辦內湖水師，即以鄱陽湖為巢穴，間或出江剿賊，亦不過以三分之一與賊鏖戰。剿上游，則在九江、武穴、田家鎮處遊弋不出湖口二百里之內，利則交戰，不利則退回鄱陽巢穴之內。剿下游，則在彭澤、望江、安慶等處遊弋，亦不出湖口二百里之內。利則交戰，不利亦退回鄱陽巢穴之內。如此辦理，則上游武漢之賊與下游金陵之賊，中間江路被我兵梗阻一段，其勢不能常通，亦足以制賊之命。（〈致澄弟溫弟沅弟季弟．咸豐五年三月二十日〉）

大將羅澤南，出發開展新局勢

但是株守江西，終究非長久之計。羅澤南上書給曾國藩，痛說此中利害，羅澤南說：「東南大勢，尤在武昌，得武昌，乃可控制江皖，江西亦有所遮罩。株守九江，如坐甕中。日與賊搏戰，無益大局。請率所部由義寧出崇陽，進援武昌，引軍東下，以取建瓴之勢。而後內湖水師，與外江聲息可通，進攻九江，始有把握。」

曾國藩覺得羅澤南說得對，因此，羅澤南便從義寧單騎到南康，商議進兵方法。劉蓉對曾國藩說，湘軍的重要戰將有塔齊布和羅澤南，現在塔齊布已死，能依靠的只剩下羅澤南，如今又讓他遠走，倘若有狀況還能依靠誰？曾國藩則認為，想要開展新局勢就應該這麼做。因為**困在江西終究無益，倘若羅澤南軍能攻下武昌，局勢就有利了**。因此他不聽劉蓉的勸告，放羅澤南西上。

羅澤南從義寧向西進攻，連占通城、崇陽。這時湖廣總督已從楊霈換為官文。胡林翼在武昌附近聽到援兵將來，便渡江南行，取得聯絡；而石達開卻從義寧帶了精兵數萬攔截，使清兵被隔阻而不得通。羅澤南奮勇力戰，結果和胡林翼合軍於羊樓，在十月進占蒲圻，十一月破咸寧。到這時，武昌以南幾乎都入清軍之手。而石達開便在這時回軍義寧，江西的戰爭更趨激烈。

自從羅澤南西征，劉蓉、李續賓一同走後，勁兵良將一時俱去，曾國藩在江西的勢力更顯孤弱。石達開回義寧後，又接連攻下新昌、瑞州、臨江。而廣東的太平軍，也從湖南入江西，破安福、分宜、萬載，和石達開軍合攻袁州。南昌戒嚴。曾國藩迫不得已，在十一月十五日令周鳳山解去九江的包圍，全軍回南昌。

三十日袁州失守，南昌危急。其時彭玉麟請假在衡州，聽到江西狀況緊急，便從小路徒步走七百里趕到南康。曾國藩便命令他率領水軍支援臨江。這時，因為江西危急，都主張調羅澤南軍回援。清政府則因上游事關重大，並不允許，只命令湖南巡撫駱秉章募兵援助曾國藩。等到湖南援軍抵達江西時，太平軍早已攻下萍鄉、吉安。周鳳山援樟樹不利，敗退南昌。太平軍更占領撫州，旁及餘干、萬年。

從咸豐五年十月至六年（一八五六年）二月，江西七府一州五十多縣都被太平軍占領，清軍駐守的只有南昌、廣信、饒州、贛州、南安五郡。曾國藩坐困南昌，被敵軍四面包圍，一籌莫展。各軍消息不通，只得募死士用蠟丸（按：用蠟製成圓形外殼，中間置書狀，可防止洩漏及潮溼）隱語來暗通資訊，但這種祕密通訊很容易被太平軍攔截，而無法送達。

羅澤南、胡林翼在湖北合兵進攻武昌，分屯在城東洪山和城南五里墩。同時，官文也接連攻下德安、漢川，進攻漢陽。太平軍交戰不利，便堅壁不出，等待支援。這時江西警報突至，羅澤南想到曾國藩軍處境艱困，急於攻下武昌，抽空回救江西。

咸豐六年，從正月至二月，大大小小交戰共一百多回，直到武昌城下。軍士因為仰攻，死傷很多。剛巧遇到三月二日大霧，太平軍開三門兵力一萬以上，和清軍決一死戰，羅澤南分軍三面應戰，形勢不利，但因他所帶領的都是鄉里子弟，不肯輕易獨退，所以當他左額中彈、流血沾衣，仍然踞坐指揮，最終全軍回洪山。羅澤南因傷重，三月八日卒於軍中，一軍為之哀泣。

羅澤南死後，胡林翼派他部下的李續賓代領全軍，胡林翼並分軍四千，命他們往援江西。

曾國藩之弟加入戰局

曾國藩這時坐困南昌，外江內湖，一時隔絕。聽到西路已有湖南所派的五千人進援，便令李元度等人進攻撫州，劉子渟等人指揮水軍進攻臨江，彭玉麟回軍會合黃虎臣進攻南康，以擋南昌東南北三面的敵軍。數月之間，各軍都有小勝。

四月，湖南援軍到袁州。六月，曾國藩的三弟曾國華帶領湖北援軍四千人，進兵瑞州。曾國藩坐困南昌的局勢，此時才逐漸鬆動。

這時，建昌、吉安有一會黨，假借太平天國名號乘機起事，劫掠附近州縣。廣東太平軍出而回應，入江西境，分逼贛州、南安間屬邑。曾國藩困守南昌不能出救，軍報數月不通，曾國藩四弟曾國荃這時正在長沙募勇。

黃冕這時上任吉安知府，但吉安州縣都被太平軍占領。**黃冕知道曾國荃有才略，便來和他商議進攻的方法**。

曾國荃說：「方吾兄戰利，事無所須於我，我亦從未至營相視。今坐困一隅，我義當往赴。然苦無資力募勇，君若能治餉，我當自立一軍，以赴國家之急。」因此，黃冕代他向巡撫駱秉章商討，募得兵勇三千，並以周鳳山為副將。因為這支軍隊最初攻打吉安，便稱作「吉字營」。

十一月，曾國荃攻破安福，進擊吉安，而蕭啟江所帶領的湖南援軍，也在十一月打下袁州。曾國藩在江西的處境，才慢慢好轉。

至於湖北，太平軍在武昌被圍已經多時，從咸豐六年三月至九月，清兵傷亡固然不少，而守城的太平軍也十分疲乏。太平天國翼王石達開從江西分來的援軍，也都被清軍擊退，胡林翼認為機不可失，便召募陸軍五千、水軍十營，加重圍城的兵力。官文也分兵擊退襄陽、隨州的太平軍，專心攻打漢陽。

武漢太平軍糧盡援絕，知道再也守不住，便在十一月二十二日開城東走。於是，武漢兩要地同時克復。武漢既得，李續賓等人便乘勝東追。不過十天，連得武昌縣、黃州、興國、蘄州、蘄水、廣濟，才回援江西。

4 回鄉奔喪，仍舊重回戰場

咸豐七年（一八五七年）二月四日，曾國藩的父親曾麟書在湘鄉里第逝世。十一日訃至營，曾國藩和弟弟曾國華從瑞州奔喪，曾國荃從吉安奔喪。在離營以前，他向清政府發摺奏報丁憂：

服官二十年，未得一日侍養親闈。前此母喪未能妥辦葬事，今茲父喪未能躬視含殮。而軍營數載，又過多而功寡，在國為一毫無補之人，在家有百身莫贖之罪，椎胸自責，抱痛何極。瑞州去臣家不過十日程途，即日遵制丁憂奔喪回籍。……查微臣經手事件，以水師為一大端。提督楊載福駐紮九江，所統外江水師十五營；道員彭玉麟駐紮吳城，所統內湖水師八營，合計船隻五百餘號，炮位至二千餘尊之多，此非臣一人所能為。

……合四省之物力，各督撫之經營，楊載福等數年之戰功，乃克成此一支水軍……請旨特派楊載福總統外江內湖水師事務，惠潮嘉道彭玉麟協理外江水師事務……該二人必能了肅清江面之局。仍請飭湖北撫臣胡林翼月籌銀三萬兩，江西撫臣文俊月籌銀二萬兩，解交楊載福、彭玉麟水營，俾此軍布已饑疲致潰……。

（《曾文正公奏稿》）

奏摺上呈後，清政府准假三月，並命楊載福、彭玉麟統領水軍。這次曾國藩軍中聞訃，奏報後立即奔喪回籍，朝廷中有些人對此不以為然。例如當時在駱秉章幕府的左宗棠，便對曾國藩肆口詆毀。

指導曾國荃統兵

四月，曾國藩因假期將滿，懇請終制（按：遭父母之喪，守喪三年），清廷不准。五月三日，葬父親於湘鄉。六月，曾國藩上疏請開去（按：免職之意）兵部侍郎署缺，又歷陳歷年辦事艱難竭絀情形，清政府覆旨：「准其先開兵部侍郎之缺，暫行在籍守制

（按：指暫時回鄉守喪），江西如有緩急，即行前赴軍營。」

至於吉安則是自從曾國荃離開後，各將之間不能合作。七月中，江西巡撫耆齡奏請起復曾國荃，再統吉字軍。**曾國藩勉勵曾國荃速行，並勸告他要使軍兵團結和睦，以及聯絡官紳，又指示他作戰機宜。曾國荃出發後，曾國藩每隔一、兩天便寫信給他，指導他如何進行戰事**。

這時候清軍已慢慢收復江西省各府，只有九江被圍一年多，仍無法攻下。

咸豐八年（一八五八年）三月，曾國華復到九江，援助李續賓。李續賓加重兵力，日夜掘地道炸九江，終於在四月七日攻破九江。太平軍一萬七千多人死亡，沒有人投降，名將林啟榮戰死。李續賓因此聲名大振。清政府給予巡撫銜，命令他進攻安慶；劉坤一（按：為江忠源系湘軍）等人轉戰各地，也都有收穫。太平軍在江西占有的城市已十失八九，便分道攻入浙江、福建。

五月，清廷下詔起用曾國藩援浙，曾國藩便在七月由武昌九江回到南昌。

李續賓既下九江，便領軍向安徽挺進，猛撲太平軍的軍需策源地三河。太平軍英王陳玉成、侍王李世賢聯合捻軍（按：活躍在長江以北安徽北部及江蘇、山東、河南三省部分地區的反清農民軍）從廬州前來支援，抄清軍後路，將李續賓軍四面包圍。這時外援已絕，李續賓曉得大勢已去，便乘夜躍馬入敵陣戰死。曾國華和其他兵將跟著死的有六千人，湘軍的精銳完全覆沒。

當曾國藩接到援浙的詔書後，六月七日從湘鄉起程，命蕭啟江、張連蘭兩軍，在廣信、鉛山兩縣間的河口鎮集中。七月，曾國藩從南昌出發赴浙，路上續奉清諭，因為衢州已經解嚴，敵兵入閩境，叫他從鉛山直往崇安。八月，太平軍從福建回江西，曾國藩敗退建昌。九月，清軍劉長佑攻破新城，太平軍仍舊退回閩境。曾國藩正預備分路追擊，而李續賓、曾國華的噩耗已到，清廷下詔起用胡林翼署湖北巡撫（之前因丁憂請假），官文、駱秉章疏請調曾國藩移兵援皖。

回到江西，繼續統領戰事

這時福建的太平軍，又從汀州入江西贛州、南安，而守景德鎮的太平軍氣勢又盛。清廷諭詢曾國藩：「如果閩省兵勇足資剿辦，而江西邊地防剿有人，自以赴援皖省尤為緊要。」要他斟酌具奏。十一月曾國藩上奏：「論大局之輕重，則宜並力江北，以圖清中原；論目前之緩急，則宜先攻景德鎮，保全湖口。」得旨允行。曾國藩先擊退江西太平軍，集中力量進軍皖北的計畫才得以實行。

胡林翼在十一月到湖北就任巡撫職，進駐黃州。那時宿松的太平軍被多隆阿、鮑超（按：兩人為清末猛將，有「北多南超」之稱）擊破，沒有方法西進，清軍得以從容部署，隱然以上游自重了。

咸豐九年（一八五九年）正月，曾國藩上奏：「數省軍務，安徽吃重，江西次之，福建又次之。計惟大江兩岸，各置重兵，水陸三路，鼓行東下……北岸須添足馬步軍三萬人，都興阿、李續宜、鮑超等任之；南岸須添足馬步軍二萬人，臣率張運蘭等任之，中流水師萬餘人，楊載福、彭玉麟任之。至江西軍務，南北兩路，臣當與撫臣耆齡分任之。」清軍東下的計畫，至此底定。

咸豐九年二月，翼王石達開在江西方另謀發展，退往湖南。曾國藩從建昌移駐撫州，令蕭啟江救湖南。二月，太平軍在景德鎮挫敗。不久後，曾國荃來到撫州，曾國藩命他助攻景德鎮，移營進逼，六月便攻下景德鎮。太平軍退守，屯安徽建德祁門。**至此，江西便全在清軍手中了**。

曾國藩自從咸豐三年帶兵以來，在外整整四年，即使環境惡劣，屢遭危機，幾次想要自殺，最終仍堅忍奮鬥。直到咸豐七年二月丁憂回籍，才稍有喘息空間，在家休養了一年四個月。他因連年軍事勞頓，心血虧疲，所以服藥調補，但心中仍掛念著軍事，曾國荃在前線的行動，大半受他的指揮。休養期間，他和家鄉耆老暢談，同時也花時間研究禮制書籍。

曾國藩在家鄉休養時，因為幾年來辦理軍務棘手，內心已有不再出來做官的意思。他說：「余前在江西，所以鬱鬱不得意者：第一不能干預民事，有剝民之權，無澤民之位，滿腹誠心，無處施展。第二不能接見官員，凡省中文武官僚，晉接有稽，語言有察。第三不能聯絡紳士（按：亦稱士紳或仕紳，指在地方上有財富、有文化、有聲望、有地位的社會階層），凡紳士與我營款愜，則或因而獲咎。」又說：「余在外數年，吃虧受氣，實亦不少。他無所慚，獨慚對江西紳士。」

他既對江西紳士抱愧，又奉清廷詔起，所以他也不多勾留，便束裝東下。那時，**他不援安徽、不留福建，仍舊來到江西，也可看出他做事並不肯有始而無終。**

第五章

困圍城寫遺書，薦人才留退路

1 騎虎之勢已成，勝負之數未定

景德鎮既復，曾國荃便在咸豐九年（一八五九年）七月，領軍從撫州到南昌。五弟曾貞幹（原名曾國葆）在黃州從軍，胡林翼看上他的才能，便留他在湖北協助軍事。而曾國藩自己也從南昌起程，進駐湖北宜昌等郡，一面足以穩占上游，鎮守湖北；一面防備太平軍入川，相機追擊。

八月中，曾國藩領軍過黃州，因為川省鬆動，下游吃緊，所以決定暫留湖北，並預備進援安徽。二十三日到武昌，和湖廣總督官文會商軍事。九月曾國藩回黃州，和胡林翼籌商進兵安徽的計畫。這時，胡林翼已委託曾國藩五弟曾貞幹趕回湘募勇。

不久後，曾國荃帶領吉字營到巴河，曾貞幹帶了招募來的湘勇至黃州，接著到巴河見曾國藩。

湖北軍力既已聚集，曾國藩便決定四路進兵之策。第一路，從宿松、石牌進攻安慶，由曾國藩自己擔任。第二路，從太湖、潛山進攻桐城，由多隆阿、鮑超擔任。第三路，從英山、霍山進攻舒城，由胡林翼擔任。第四路，從商城、固始進攻廬州，調回李續宜擔任。

後來，曾國藩因眼疾尚未痊癒，又有頭暈的病症，便請假一個月休養。十一月，曾國藩從黃梅移駐宿松縣，十二月，胡林翼進兵英山。

咸豐十年（一八六〇年）閏三月，曾國荃從湘鄉來營，準備領軍進攻安慶，駐紮在集賢關，當作克復安慶的根據地。而下流局勢緊張，江南人營潰敗，忠王李秀成引兵追擊，和春、張國樑（按：皆為領軍攻打太平天國的將領）先後在丹陽、常州戰死，兩江總督何桂清退守常熟。

堅持自己的主張，不為別人言論所動

該年四月，蘇、常失守，江浙境內紛紛告警，清廷任命曾國藩為兵部尚書，署理兩江總督，這年曾國藩五十歲。

清政府因為江南軍情緊急，令曾國藩兼程前進（按：加快步伐，一天走兩天的路程），保衛蘇、常，收復失陷地方。曾國藩上奏曰：

目下安慶一軍，已薄城下，關係淮南全域，即為克復金陵張本，不可遽撤。臣奉命權制兩江，必須帶兵過江，駐紮南岸以固吳會之人心，而壯徽、寧之聲援。臣函商官文、胡林翼酌撥萬人，先帶起程；仍分遣員弁回湘募勇，趕赴行營，以資分撥。至於糧糈軍械，必以江西、湖南為根本，臣諮商兩省撫臣，竭兩省之力，辦江楚三省之防。布置漸定，然後可以言剿。

又上奏說：

擬於淮揚辦水師一支以保鹽漕，寧國、太湖各辦水師以補外江所不及。

這時，有人認為正在湖南本籍襄辦團練的左宗棠「熟悉形勢，軍籌決計，所向克敵」，向清政府請求提用。清政府詢問曾國藩，曾國藩奏保左宗棠：「剛明耐苦，曉暢兵機，請破格錄用。」於是，清政府便詔用左宗棠為四品京堂，襄辦軍務。同時，奏起告養回籍（按：指為回鄉奉養長輩而解職）道員沈葆楨，辦理江西廣信防務。又和胡林翼商議，調鮑超帶領部下六千人，朱品隆帶領部下三千人，渡出長江南岸，駐紮在皖南的祁門。至於圍攻安慶的主力軍，則命令曾國荃擔任。

五月十五日，曾國藩從宿松進往祁門，薦保彭玉麟：「任事勇敢，勵志清苦，有古烈士風，堪勝總辦水師之任。」六月十一日，到達祁門，二十四日實授兩江總督兼欽差大臣，督辦江西軍務。

曾國藩自咸豐三年出掌軍營，到達祁門時已經過了八年，這期間他轉戰湖南、湖北、江西、安徽等省，因為沒有地方專職，到哪裡都受牽制。這時做了封疆大吏（按：中國明清時期執掌地方（一省或數省）最高軍政權力的官員），權力在握，曾國藩日理萬機，秩序不亂。

當時，清政府一班朝臣對他責望很深，議論紛紜。有些人說他應該直搗金陵，有些則說他應該進窺蘇、常，也有些人主張他最好分兵援浙。

但**他不為所動，堅持自己的主張**。他上奏曰：「**但求立腳之堅定，不論逆氛之增長**。」所以，當曾國藩專力安慶時，太平天國兩年來都沒有關於天京圍攻的警報。這時，曾國藩的處境是「騎虎之勢已成，勝負之數未卜」，但他咬定牙根，向前邁進。他寫給弟弟曾國荃和曾貞幹的信說道：

兄膺此巨任，深以為懼。若如陸、何二公之前轍，則貽我父母羞辱。即兄弟子侄亦將為人所侮。禍福倚伏之幾，竟不知何者為可喜也！默觀近日之吏治人心，及各省之督撫將帥，天下似無戡定之理。**吾惟以一「勤」字報吾君，以「愛民」二字報吾親**。才識平常，斷難立功，但守一勤字，終日勞苦，以少分宵旰之憂。行軍本擾民之事，但刻刻存愛民之心，不使先人之積累自我一人耗盡。此兄之所自矢者，不知兩弟以為然否？願我兩弟亦常常存此念也！沅弟「**多置好官，遴選將才**」二語，極為扼要，然**好人實難多得，弟為留心采訪，凡有一長一技者，兄斷不敢輕視**。（〈致沅弟季弟．咸豐十年七月十二日〉）

在這困苦的境遇中，曾國藩人不忘提醒弟弟須留心人才。從這裡可以看出，一個偉人在成功之前所受的痛苦，遠比一般人多上好幾倍。而曾國藩這樣處處留心，終於讓他獲得最後的成功。

2 祈門之急，寫遺書表明死而後已

咸豐十年（一八六〇年）六月，曾國藩抵達祁門，以安慶沿江為據點，設立兩江總督行署。他發布營制營規，嚴格訓練將領兵士。發布「居官要語」整飭屬吏，**即使是最下級的士兵，也可以用密函和曾國藩通信**。

另外，又告知江南士民，嚴禁六事：第一，禁止官民奢侈的風氣，他說江蘇民俗好「善」，遭禍正是由於官民風氣尚奢。第二，命令紳民保舉人才，他說「以兩江之才，足平兩江之亂」。第三，妥善安置流離遷徙的人家，由地方官撫恤。第四，求聞己過，凡是他個人的錯誤，以及軍營的過失，皆可據實直告。第五，旌表節義，以收人心。第六，禁止辦團，以免擾民，尤其嚴禁軍營兵勇到處騷擾。

布置稍定，而安徽南部情況緊急的消息已到。太平軍圍急攻寧國，當地官紳求救的差信紛紛來到。但因軍將未集，不能立即赴救。

這時，清政府因副都御史張芾駐徽統率軍隊久無成效，而將他召回。曾國藩便令李元度領軍守徽州。八月十二日，太平軍攻下寧國府城，徽州戒嚴。兩天後，李元度到徽州接防。侍王李世賢領大軍從績溪攻來，清兵潰敗。

李元度任事十天而城破，逃往開化，太平軍便直攻祁門。曾國藩急忙調軍到漁亭，張運蘭軍到黟縣，以阻擋太平軍。另外又調左宗棠軍從南昌到東平、婺源，堵住太平軍到江西的路。

中國內亂未平，又遭外禍。英法兩國堅持以武裝進京換約（按：一八五八年簽訂的《天津條約》），與清軍展開戰爭，後來兩國聯軍決定進攻北京。僧格林沁（按：晚清軍事家）在張家灣大敗，勝保在八里橋戰傷，聯軍逼近北京。

於是，咸豐出京逃往熱河，命令恭親王奕訢（按：為咸豐同父異母之弟）留守，並付予全權。聯軍火燒圓明園，入北京城。曾國藩和胡林翼疏請帶兵救援北京，籌商北援的計畫。不久後和議既成，北援計畫作罷。

十年九月，太平軍進攻休寧，鮑超、張運蘭合軍抵禦，擊敗太平軍。十月，太平軍進攻黟縣，又受到鮑超、張運蘭兩軍抵抗。那時，太平軍分三路總攻祁門：一路從祁門西面，進攻景德鎮；一路從婺源東面，進攻玉山；一路正面進攻，直向曾國藩大營。

所以，清兵雖有休寧、黟縣的小勝，但其根本已遭動搖，情況十分危急，祁門在敵軍四面包圍中，消息幾乎不通，糧餉也斷絕。該年十一月，鮑超、張運蘭兩軍在廬村獲得大勝，曾國藩才能調鮑超軍到景德鎮，和左宗棠合力防堵，以確保餉道（按：運送軍糧的道路）暢通；張運蘭軍則留防黟縣。

坐困祁門，寫遺書不忘叮囑家人注重修養

咸豐十一年（一八六一年）正月，太平軍從石埭縣分兩路逼祁門，江長貴（按：晚清名將）等將兵努力抵禦、擊退太平軍。正好左宗棠移軍婺源，太平軍便在二月攻下景德鎮，包圍祁門。曾國藩糧路已斷，唯有盡速攻下徽州，才可確保浙江餉道暢通。因此在三月初，曾國藩親自到休寧前線，監督進攻徽城，但最後敗退，仍回駐祁門。

曾國藩生平所受的艱苦，以靖港、鄱陽湖畔和祁門三處最嚴峻。那時他身陷敵軍重圍，認為自己必死無疑，所以他寫給家人的書信，總是殷殷叮囑身後事：

看此光景，今年殆萬難支持。然余自咸豐三年冬以來，久已以身許國，願死

疆場，不願死牖下，本其素志。近年在軍辦事，盡心竭力，毫無愧怍；死即瞑目，毫無悔憾。

家中兄弟子侄，惟當記祖父遺訓……余每次寫家信，必諄諄囑咐，蓋因軍事危急，故預告一切也！（〈致澄弟・咸豐十一年二月二十四日〉）

茲因軍事日危，旦夕不測，又與諸弟重言以申明之。家中無論老少男婦，總以習勤為第一義，謙謹為第二義。（〈致澄弟沅弟季弟・咸豐十一年三月初四日〉）

但**他並不心怯，他這樣在家書中自書遺教，不過是表示他有進無退、死而後已的決心**。關於曾國藩被困祁門的情形，時人何璟曾說：「咸豐十年，曾國藩駐祁門，皖南北十室九空。自金陵至徽州八百里，無處無敵，無日無戰。徽州初陷，休、祁大震，或勸移營他所，曾國藩曰：『吾初次進兵，遇險即退，後事何可言？吾去此一步，無死所也！』敵至環攻，曾國藩手書遺囑，帳懸佩刀，從容布置，不改常度。」可見當時的情勢危急，但曾國藩仍不願輕易退守。

曾國藩生平雖堅持拙誠之道，但在情況緊急時也懂得權變。《水窗春囈》（按：記述清代中葉道光、咸豐、同治時期政治、經濟、社會風俗，以及統治階級各色人物的言語行動之作）中有這段記載：「辛酉祁門軍中，賊氛日逼，勢甚急。時李肅毅（鴻章）已回江西寓所，幕府僅一程尚齋，奄奄無生氣，時對予（按：《水窗春囈》作者歐陽兆熊）曰：『死在一堆何如？』眾委員亦將行李置舟中為逃避計。文正一日忽傳令曰：『賊勢如此，有欲暫歸者，支給三個月薪水，事平仍來營，吾不介意。』眾聞之，感且愧，人心遂固。」

當時在祁門軍中，因太平軍進逼，情勢危急，李鴻章已回江西，幕府中只剩程尚齋，有氣無力的問曾國藩老友歐陽兆熊說：「大家死在這裡如何？」幕友們也默默將行李放上船，一旦情況危急就要逃命。某日，曾國藩突然傳令：「現在情勢如此，如果你們想離開，我仍支付三個月薪水，待危機解除後再回來，我不介意。」大家聽了既感動又羞愧，人心便安定下來。

曾國藩就這樣安定軍心，靜待時機，以打開僵局。**在這千鈞一髮的時刻，幸虧左宗棠出兵進攻樂平，連獲六次勝仗，糧道打通，軍勢振作起來。**而曾國荃也從安慶寫信給曾國藩：「株守偏陬無益，宜出大江規全域。」情辭懇切，曾國藩為其言感動，移駐東流縣，行軍策略因此而變更。

3 弟弟曾國荃的成功

咸豐九年至十年，清軍圍攻安慶已長達兩年，即使糧食已盡，城中太平軍仍舊死守不退。太平軍環逼祁門，便是希望製造後方危急狀態，而讓清軍解除安慶的包圍，以救祁門。曾國荃已看透這一點，於是更加努力圍攻。太平天國英王陳玉成屢次救援，都不得利。

於是，太平天國便派堵王黃文金、輔王楊輔清、顧王吳汝孝、天將龔長春，各帶本部兵援皖，後來又加派龔德樹、孫奎清，總計十多萬人包圍曾國荃軍。

陳玉成因為不善於統馭將領，所以出兵日久卻苦無成效。太平軍韋志俊則因愛將被陳玉成所殺，因此投降了清軍，並堵住練潭以絕其糧道。

陳玉成向曾國荃軍進攻，攻勢猛烈；曾國荃則用韋志俊的計畫，不馬上退兵，並屢次攻破太平軍。

陳玉成屢次失敗，退守桐城。多隆阿、李續宜又在掛車河大破陳玉成的軍隊。咸豐十一年（一八六一年）正月，胡林翼移營太湖，合兵圍攻安慶。陳玉成既不得志，便更改計畫，打算西攻湖北，以牽制鄂軍。陳玉成擊敗余際昌所領軍隊，連下霍山、英山，直到湖北的蘄水，打破黃州，分取德安、隨州，武漢戒嚴。李續宜領兵救援，而太平軍的別隊已經四出，南面攻江西郡縣，由義寧進擊崇通；東面也從衢州進入處州了。

曾國荃收復安慶

十一年二月，陳玉成留下軍隊守德安，自己則回安慶。曾國藩急調南岸鮑超一軍渡江援應，多隆阿又截擊桐城、懷寧的太平軍。太平軍無法抵擋，便退守集賢關。四月，陳玉成紮營菱湖中段，為城中援應。曾國荃掘長壕困敵，把敵壘十九座一併包於長壕之內，又調炮船入衛。這時，曾國藩命張運蘭、朱品隆等人分守嶺內各軍事險要，而自己移駐在東流縣。

五月，鮑超軍渡江而北，圍攻集賢關外的赤岡嶺。陳玉成命令劉瑲林（按：太平軍將領）堵住七星關，自己則回金陵奏事。鮑超強攻太平軍，胡林翼又調成大吉軍助攻，打了七天七夜，劉瑲林大敗被捉，手下精銳幾盡。

六月，菱湖南北諸壘共十八座，都被曾國荃攻下。七月時，安慶城外的石壘已毀壞，曾國荃更進逼城下。城中糧盡援絕，太平軍仍堅守不放。直到八月一日，曾國荃用地雷轟塌城牆，才克復安慶。太平軍自守將葉芸來以下共一萬六千人死亡，陳玉成全家自焚而死。

太平軍占領安慶前後共九年，這時被曾國荃收復，於是金陵也開始動搖。

安慶被攻下後，曾國藩便進駐安慶。這年，咸豐皇帝逝世。當時有這樣一段傳說：

> 楚軍（按：湘軍分出的軍隊）之圍安慶也，文忠（按：即胡林翼）曾往視師，策馬登龍山，瞻眄形勢，喜曰：「此處俯視安慶，如在釜底，賊雖強，不足平也。」既復馳至江濱，忽見二洋船鼓輪西上，迅如奔馬，疾如飄風，文忠變色不語，勒馬回營，中途嘔血，幾至墜馬。文忠前已得疾，自是益篤，不數月薨於軍中。（《庸盦筆記》）

楚軍包圍安慶時，胡林翼曾前去視察，登上龍山查看地勢，說：「從這裡俯視安慶，彷彿在鐵鍋底，太平軍雖強，也不難平定。」接著他策馬到江濱，見到兩艘洋人船隻往西航行，速度快如奔馬、暴風，他臉色大變，轉頭回營，中途還吐血、差點墜馬。胡林翼在此之前身體已患有疾病，從此更加嚴重，沒幾個月就病死於軍中。

胡林翼正是因見到洋人造船的技術，而深以「洋人」為患。

胡林翼曉得曾國藩有知人之能，一切用人都請教曾國藩。凡得曾國藩讚許的人，他都不惜千方百計招攬。曾國藩聽到他的死耗，十分悲悼：「赤心以憂國家，小心以事友生，苦心以識諸將，天下寧復有似斯人者哉？」

胡林翼死後，由李續宜繼任湖北巡撫。

曾國藩掌握推薦人才大權

九月，曾國荃進軍廬江，屢有所獲，不久後又回湘鄉募勇。**這時，清政府曉得清兵勇無用，想撲滅太平天國，得重用漢人，全靠曾國藩一支軍隊**，所以在咸豐十一年十月，清政府令曾國藩統轄江蘇、安徽、江西三省，並節制浙江全省軍務。**曾國藩上疏力辭，並保薦左宗棠**，說他「前任湖南贊助軍謀，兼顧數省，其才實可獨當一面，請明諭令其督辦浙江全省軍務」。

清廷大用漢人，授左宗棠為浙江巡撫、彭玉麟為安徽巡撫。彭玉麟兩次力辭，曾國藩也代他解釋：「玉麟素統水師，舍舟登陸，用違其長。且江面太長，照料非易，請另簡皖撫，俾得仍領水師，於南北大局，兩有裨益。」於是，彭玉麟便調任兵部侍郎，李續宜調安徽巡撫，嚴樹森調湖北巡撫。

太平天國自從咸豐十年消滅江南大營後，連得蘇、常。咸豐十一年十月，忠王李秀成進兵浙江，第二月便占領了杭州。連下奉賢、南匯、川沙，直逼上海。

許多人都主張曾國藩應立即進兵下游，克復蘇、浙。而曾國藩則認為應扼上游以固根本，不敢輕易進兵。這時，曾國藩任兩江總督協辦大學士。

同治元年（一八六二年）二月，曾國藩因為「現在諸道出師，將帥聯翩，權位太重，恐開斯世爭權競勢之風，兼防他日外重內輕之漸」，所以仍奏請清廷收回節制四省成命。

但此時**清政府非常倚重曾國藩**，**因此並不允許**，**還給他保薦人才的全權**，下諭：「其餘將弁中有勇往直前者，該大臣不妨先行奏請，以鼓其氣。操縱駕馭全在該大臣調度得宜，不必稍移嫌疑。前諭該大臣保奏閩省督撫，及江浙等省司道，諒已斟酌有人。

如有堪膺封疆之任者，該大臣仍當訪察具奏。」**曾國藩在這時為難的，不是四處受制，而是恐懼名望太大、權力太重。**

4 重用李鴻章

李鴻章是曾國藩的學生。關於他來到曾國藩幕府的經過，薛福成記述如下：

聞曾文正公督師江西，遂間道往謁焉。謂文正篤念故舊，必將用之，居逆旅幾一月，未見動靜。此時在文正幕府者，為候補道程桓生尚齋、前翰林院庶吉士陳鼐作梅、今江寧布政使舉人許振禕仙屏等。陳鼐與傅相（李鴻章）本系丁未同年，傅相使往探文正之意，不得要領。鼐因言於文正曰：「少荃（李鴻章）以昔年雅故，願侍老師，藉資歷練。」文正曰：「少荃翰林也，志大才高，此間局面窄狹，恐艨艟巨艦，非潺潺淺灘所能容，何不回京供職？」鼐曰：「少荃多經磨折，大非往年意氣可比，老師盍姑試之？」文正許諾。

傅相入居幕中。文正每日黎明必召幕僚會食，而江南北風氣，與湖南不同，日食稍晏，傅相欲遂不往。一日，以頭痛辭，頃之，差弁絡繹而來；頃之，巡捕又來，曰：「必待幕僚到齊乃食。」傅相披衣踉蹌而往。文正終食無言，食畢，舍箸正色謂傅相曰：「少荃！既入我幕，我有一言相告，此處所尚，惟一誠字而已。」遂無他言而散。傅相為之悚然。蓋文正素諗傅相才氣不羈，故欲折之以就範也。

……既而文正進駐祁門，傅相謂祁門地形如在釜底，殆兵家之所謂絕地，不如及早移軍，庶幾進退裕如；文正不從，傅相復力爭之。文正曰：「諸君如膽怯，可各散去！」會皖南道李元度次青率師守徽州，違文正節度，出城與賊戰而敗，徽州失陷，始不知元度存亡。久乃出詣大營，又不留營聽勘，逕自歸去。文正將具疏劾之，傅相以元度嘗與文正同患難，乃率一幕人往爭，且曰：「果必奏劾，門生不敢擬稿。」文正曰：「我自屬稿。」傅相曰：「若此，則門生亦將告辭，不能留侍矣。」文正曰：「聽君之便。」傅相乃辭往江西，閒居一年。適官軍克復安慶，文正移建軍府焉。傅相馳書往賀，文正復書云：「若在江西無事，可即前來。」傅相乃束裝赴安慶，文正復延入幕，禮貌有加於前，軍國要務，皆與籌商。（《庸盦筆記》）

這其中記述了一段軼事：李鴻章初到曾國藩幕府，曾非常不適應曾國藩每天早上必定召集所有幕僚一起吃早飯。某天他以頭痛推辭，但曾國藩仍堅持全員到齊才開動，李鴻章不得不去。吃完後，曾國藩對李鴻章說：「我有一句話勸告你：這裡最推崇的就是『誠』字。」曾國藩知道李鴻章有才氣但性格不羈，故意挫挫他的銳氣。

兵貴能戰，豈在華美！

曾國藩見李鴻章才氣可用，又經磨鍊，曾經請求簡放江北地方實缺，興辦淮揚水師，結果未能實現。咸豐十年七月，太平軍大舉包圍上海，清軍會合西洋兵擊退。上海是重要商埠，清吏便以重金募印度兵，用美國人弗雷德里克·華爾（Frederick Ward，官章名華飛烈）任教練，後來又募華人練洋槍，稱為「常勝軍」，防禦太平軍侵入。

咸豐十一年八月，曾國荃攻下安慶後，湘軍沿著長江北岸向東追擊。當時上海被太平軍圍攻，情況很危急。正值湖北鹽道顧文彬從武昌回上海，提議向曾國藩請求援兵。巡撫薛煥贊成這個辦法，便籌了十八萬兩銀子，僱外國輪船駛入長江預備迎接湘軍，並派錢鼎銘帶著江蘇官紳的書信，到安慶謁曾國藩，涕泣乞援，呈遞公函。

此時，曾國荃因屢建戰功，清廷想叫他援救上海。曾國藩和他商議，曾國荃說：「金陵為敵根本，急攻金陵，敵必以全力援護，而後蘇、杭可圖。」曾國藩便將圍攻金陵的責任交給曾國荃，另外推薦李鴻章「才大心細，勁氣內斂，堪膺疆寄」，命他和總兵黃翼升統領水陸軍東征。

這時，湘軍有部分在作戰、有部分在防守，無法抽身。**因此，曾國藩便叫李鴻章用湘軍的營制，另外在淮、徐一帶募勇，另練一支新軍**，預備在第二年二月時出兵。這時上海危急，官紳主張借洋兵滅太平天國，設會防局，奏明會同洋人防守。

同治元年（一八六二年）二月，**李鴻章在淮、徐一帶募勇，領回安慶，曾國藩為他訂立營伍之法；器械分配、薪糧數目等都仿照湘軍的制度**。又選湘軍名將程學啟、郭松林等人幫助李鴻章。這時太平軍進攻鎮江，清將馮子材戰敗，總兵富升中炮而死，都興阿從揚州派兵來救援也未能取勝。李鴻章本來預備領淮軍赴援鎮江，上海方面正好僱了外商輪船七艘，駛到安慶迎師，於是李鴻章便在三月初動身到上海，三月十日抵達。

李鴻章這次出動，選擇湘淮軍的精兵隨行。**初到上海，西方人見到這支軍隊衣冠樸陋，頗多譏笑**。然而，李鴻章說：「**兵貴能戰，豈在華美！**迨吾一試，笑未晚也。」於是紮營在上海城南，清廷任他署理江蘇巡撫。

李鴻章初到上海時，曾國藩曾說：「蘇撫當駐鎮江，居形勢適中之地。上海一隅，論籌餉則為上腴，論用兵則為絕地。」上海設會防局後，進攻的太平軍便被英法軍和常勝軍所破。李鴻章到上海後，李恆嵩、華爾會同外國軍隊，奪得嘉定、青浦兩城，留外國軍隊和常勝軍防守。

英提督何伯（Sir James Hope）和李鴻章商議攻浦東諸縣。於是，李鴻章便命程學啟等人進攻南匯，為北路；英法兵從松江進攻金山衛，為南路，把奉賢打下。這時李秀成在太倉獲勝，乘勝進攻青浦、嘉定，太平軍收復嘉定，引兵進逼，離上海僅十里。

李鴻章命程學啟扼守虹橋。同年五月，程學啟紮營於新橋涇，劉銘傳、潘鼎新又奪得南匯川沙，浦東逐漸安定，但松江、青浦告急。華爾預備拋棄青浦，並力守松江。程學啟營在新橋被圍數十重。程學啟營離新橋十多里，新橋離上海三十里，太平軍認為清軍難以猝進，預備築壘布防。

李鴻章親督各軍，深夜疾行，黎明交戰，太平軍出其不意，一面應敵，一面分兵抄上海。李鴻章親自率領七營前去救援，和太平軍相遇於徐家匯，太平軍潰退，於是**西方人都佩服李鴻章的英勇，不敢再藐視他，而願意聽從其命令**。李鴻章上疏陳「助防洋兵之難恃，舍滬赴鎮之非便」，此後清政府便不再要他調往鎮江。

李鴻章與洋將合作，擊退太平軍

同年六月，清軍下金山衛，七月奪得青浦。太平軍慕王譚紹光仍力戰不退，進逼滬西法華鎮。八月，李鴻章調各軍援救，聽程學啟指揮。太平軍不敵而潰。九月，英提督想雪嘉定之恥，謁見李鴻章商議進攻嘉定。李鴻章派兵進攻，收復嘉定。太平軍又從昆山、太倉進攻淞滬，包圍清將劉士奇、鄭國魁營。李鴻章令部下分路迎敵、解除包圍。清廷得知消息後，實授李鴻章江蘇巡撫。

自從淞滬屢次解圍，清軍便謀求進攻。十一月，常熟守將駱國忠降清，並邀福山守兵同降，福山守兵不肯，被清軍攻下。同時，太倉守將錢壽仁也因其內應被太平軍發現，拋城逃到上海，向李鴻章投降，後來改名為周壽昌。

太平軍又攻常熟，此時清軍分守嘉定、青浦，無法相救，太平軍奪得福山。於是，李鴻章一方面堅守常熟，命黃翼升統領三師三營由海道前去支援；一方面又令陸軍攻昆山太倉牽掣。那時李秀成和曾國荃正僵持不下，聽到昆山、太倉被攻的消息，便命上將蔡元隆帶兵五萬前往救援。蔡元隆詐降，李鴻章也不疑有他，結果蔡元隆趁敵不備突然襲擊清軍，李鴻章倉促應戰，大敗而回。

兩個月以前，清軍雨花臺大營被圍，曾國藩調程學啟赴救，但因為上海情況緊急，不能調出，預備由白齊文（Henry Andres Burgevine，法裔美國人，常勝軍第二任隊長）帶領常勝軍前去助戰。常勝軍本來在八月時調到浙江慈溪，統將華爾中炮斃命，所以由白齊文繼續統領。十月，雨花臺大營解嚴。白齊文閉松江城索餉，劫掠四萬兩銀子，又到上海來找麻煩。李鴻章便把這件事告訴英提督查理．士迪佛立（Sir Charles Staveley），解除白齊文職位，勒令他歸國，並調換查理．戈登（Charles Gordon）為統將，裁去兵額，定為三千人。

這時，攻太倉的清軍既敗退，而黃翼升統領的水軍，也因颶風吹壞船隻，常熟被太平軍包圍的情勢更加危急。同治二年（一八六三年）正月，**李鴻章令劉銘傳前去援助，戈登帶領常勝軍助戰**。先奪福山石城，內外夾攻，太平軍大敗，常熟才解圍。

該年三月，程學啟和洋將戈登用炸炮攻下太倉，進兵昆山。在四月中先奪正義鎮，斷太平軍的聯絡，接著打下昆山，俘殺幾萬人。清軍攻下昆山太倉，計畫進攻蘇州。

李鴻章的行軍計畫是：「由昆山進蘇州為一路，程學啟當之。由常熟進江陰無錫為一路，鴻章與劉銘傳當之；黃翼升水師相輔並進；戈登常勝軍駐昆山，為各路援應之師。由泖澱湖達吳江、平望、太湖為一路，李朝斌水師當之。而令劉秉璋、潘鼎新、楊鼎動等分駐淞滬近地，以防杭、嘉、湖敵兵之內犯。」這時，李秀成已經從六安歸來，聽說蘇州情況緊急，便領兵到無錫，預備進援蘇州。

李秀成既到無錫，連營幾十里。清兵分道出擊，水師助戰，大破太平軍。程學啟在六月擊敗蘇州援兵，並乘勝攻下吳江。白齊文被李鴻章革職後，投靠太平軍效力，帶領外國士兵百人進蘇州攻程學啟，未能成功。李鴻章在七月出巡，沿吳淞向西而行。因太湖緊鄰蘇浙，派程學啟和李朝斌合兵攻下沿湖敵方關卡，乃得兵臨蘇州城下。八月中攻下江陰。

太平軍屢攻蘇州圍軍，卻無法解除包圍。這時，白齊文躲在上海，找到兩艘輪船獻給李秀成。李秀成便坐輪船，發炮攻清軍。周壽昌帶了敢死隊燒掉他一艘船，太平軍被擊退。李秀成召諸將集中西路，希望保無錫而救蘇州。

清軍十月奪得滸墅關，城內太平軍失去外援。李鴻章因為蘇州城久攻不下，親自前來監督。李秀成從間道入城，和慕王譚紹光協力堅守。清軍用大炮轟破城外石壘，水軍也同時進逼。太平軍部雲官心有二志，祕密和清將接洽投降。而李秀成發現情勢緊急，留譚紹光守城，自己連夜離去。

從十月十三日起，清兵分門進攻，日夜不息。二十四日，譚紹光在城上指揮戰事時，遭其部下刺殺，接著開門出降。程學啟引兵進城，降將郜雲官等八人都請求程學啟向李鴻章要求總兵副將等官職，自稱其部下共有二十營之多，仍舊駐在閶胥盤齊四門。因為這八位降將還沒有把頭髮剃去（按：滿州人〔清統治者〕男性的傳統髮型為剃髮留辮，剃髮便成為其他各族投降於清的象徵），程學啟認為恐怕不易制服，便祕密通報李鴻章請加誅戮。城破後兩天，諸降將出城參謁，遭程學啟殺害。戈登對於程學啟這種殺降無抵抗者的手段很不滿，嚴加責詰，經李鴻章調停才罷休。

同治三年（一八六四年）三月，李鴻章進軍督攻常州，先打下城外各壘，再用大炮攻城，牆塌下幾十丈，太平軍護王陳坤書堅守。這時，馮子材從鎮江進攻丹陽，鮑超從句容攻下金壇，常州情勢更加孤立。清軍分隊攻城，炮聲如雷一般，城牆又塌下，太平軍則以人體塞住缺口。李鴻章領軍衝進城內，太平軍大潰，生擒陳坤書，便攻下常州。

於是除了金陵以外，江蘇各縣都已為清軍收復。太平軍所餘殘部，也都從徽州轉往江西。李鴻章帶領的淮軍，便分駐在金陵附近各個要地防守，而改派鮑超到江西助戰。撤去常勝軍三千人，戈登歸國。**當時人們都稱許李鴻章善於統領洋將，而受中外人士推崇，清政府才命李鴻章全攻金陵。**

5 花十一年帶兵打仗，功成思退

太平天國定都南京，以安徽省的東西梁山為鎖鑰，蕪湖為屏障。而金柱關形勢尤其險要，是蕪湖的護衛。咸豐十一年八月一日，曾國荃攻下安慶後，楊岳斌（按：原名楊載福，為避清穆宗載淳〔年號同治〕諱而改名）的水師便在八月五日下池州、銅陵，曾國荃自己也帶著軍隊沿江北岸東下，攻下無為縣城和運漕鎮壓東關。於是，在清軍一天天東逼之下，太平天國天京的屏障開始動搖了。

同治元年（一八六二年）二月，曾國荃從湘鄉募勇到安慶，隔月，湘軍從安慶大舉東進；曾國荃連下巢縣、含山、和州，占領裕溪口和西梁山；曾貞幹攻下繁昌，直逼南陵；鮑超攻下青陽、石埭、太平直到涇縣，彭玉麟帶領水師沿江而下，直到金柱關。曾國藩以安慶為軍事中心，坐鎮其間，指揮各軍。而江南、浙江、安徽、江西四省軍事都受他指揮，金陵日見危急。

曾國荃占領西梁山後，便引軍渡江而南，水陸各軍會合進攻，在四月二十日打下太平府，第二天又攻下金柱關和東梁山，第三天打下蕪湖，乘勢直向大勝關。一連打了幾天，在五月三日便將大勝關攻破，並進占秣陵關。水陸並進，一直追到金陵城外，紮營雨花臺。這時，**曾國荃軍合水師不到兩萬人，孤軍深入，引起哥哥曾國藩的憂慮**。曾國藩要他等待其他軍隊集齊後，再謀取進攻。而曾國荃說：「金陵敵之根本，拔其根本則枝葉不披自萎。且蘇、常各兵聞攻急，必更來援，彼時遣別將間襲之，吾因利乘便，功在此矣。」於是曾國荃便進圍南京。

洪秀全因天京被曾國荃圍攻，下詔令李秀成支援。這時，李秀成正在淞滬一帶和李鴻章兩相掙扎，於是他便退軍蘇州，派其弟侍王李世賢帶領兩萬人入南京。李世賢到了南京，乘夜襲擊曾國荃營，不能得勝。後來，又包圍清營幾次，曾國荃都堅守不出。

當時李秀成在蘇州會合重兵，想解金陵之圍，他認為：「曾國荃兵力厚集，為久困都城之計，我勢日蹙。利速戰。彼有長江濟，而我無戰艦之利，敵壘堅，猝不易拔。不如先圖寧國、太平，斷其後路，敵乃可平也。」

太平軍用西洋炮連攻十五天

洪秀全擔憂久困，糧械恐怕難以補給，仍要李秀成盡速救援金陵。李秀成不得已，從蘇常一帶領了十萬兵進援天京。先從東壩進攻錢鐵橋，截斷曾國荃的糧道。曾國荃從大勝鑿斷湖堤以通糧道，軍營被李秀成包圍，**太平軍用西洋「落地開花炮」陣擊，連攻十五晝夜，曾國荃堅壁不出**。

李秀成因攻曾國荃師久無功，便鑿地道，用火藥陣炸，太平軍乘勢湧進，曾國荃立於陣前，見到缺口便親自上前堵住，雙方短兵相接，作殊死戰。太平軍見死傷很多後，便停止進攻。

這次戰役的激烈前所未有。「國荃堅守四十六日，貞幹力戰以通餉道，前後破敵壘數十，斬首數萬，營中火藥用盡，乃告貸於湖北、江西。將士獰目髹面，皮肉幾盡。國荃頗為洋槍所傷」，可見雙方犧牲有多麼重大。

太平軍既停止進攻，李世賢對他哥哥李秀成說：「江北地方空虛，彼必不料我遽敢渡江，不如權舍國荃，馳攻揚州、六合，括其糧至軍，夾江擊之；又分兵攻曾國藩於安慶，彼必分兵馳救，我今屯秣陵之輔王（楊輔清）、屯溧水之護王（陳坤書）乘虛擊之，則必勝矣。」李秀成採納他的主張，在同治元年十二月，派將領兵五萬渡江，天還沒亮時便進撲浦口，連下和州、含山、巢縣。

第二年春天，李世賢帶兵兩萬攻橋陵，李秀成也渡江攻江浦，占領江浦城，接著便進攻駐紮在石澗埠的曾國藩軍，未能得勝，轉而攻廬江，兩天仍攻不下，於是從六臺進襲揚州，而清軍鮑超追擊，連下巢縣、含山，和州、江浦相繼告警，不得已回南京，渡江時又被彭玉麟襲擊，遭受很大損失。

曾國荃孤軍蹈危地，曾國藩很不放心。見太平軍作困獸之鬥，恐怕久圍金陵，發生變故，於是他便決定沿江東下視師，以定攻守大計。同時，五弟曾貞幹在同治元年十一月二十三日從安慶動身，後來因事延至同治二年正月二十八日，才從安慶出發東下；二十九日到池州；二月三日到蕪湖，會同彭玉麟經東西梁山到金柱關；五日到烏江水營，和提督楊岳斌同到金陵大勝關；六日入雨花臺營；七日與曾國荃巡視營壘，見圍軍穩固，才取消退兵計畫。十五日從大勝關到九洑洲，十六日回舟西上，巡視龍山橋三汊河、查家灣、運漕鎮、石澗埠、無為州等處，二十七日到大通，第二天回到安慶。

曾國藩回到安慶後，向清政府報告巡視經過：「江浙田荒，平民無所得食，誠恐變為流寇，此為可懼。而敵糧漸匱，要隘多失，降將受封至九十餘王之多，各爭雄長，敗不相救，此為可喜。」又說：「西梁山、大勝關等處，難民編葦而棲，折骸而食，死亡灰燼之餘，不堪目擊。」因此**清廷命他斟酌情形，辦理放賑**（按：發放救濟物資給災民）。**曾國荃則因立下許多功勞，授為浙江巡撫**。

同治二年四月，李秀成因為下游情勢危急，便從六安回來。李鴻章探聽到這個消息後，通知曾國荃，要他從上游截擊。曾國荃心想李秀成若不回來救蘇州，便是北攻揚州里下河，清軍最好是力攻金陵，以牽制太平軍力。

四月二十七日，李臣典（按：湘軍名將，隸屬曾國荃部）攻下城西南太平軍九壘。五月初，清水師進駐江浦，陸師也沿江東下浦口，李秀成便從江浦退到九洑洲。九洑洲是金陵北渡的咽喉，太平軍在上面布置炮位，又用戰艦掩護，預備全力防守。曾國藩先攻下南岸下關草鞋夾諸壘，又占領了燕子磯。於是南攻中關，北攻九洑洲，同時前進。中關守兵閉壘不出，而九洑洲的守兵則以洋槍反攻，致使清軍傷亡不少。清軍乘夜用火箭射太平軍的船隻，風烈火猛乘勢猛攻，遂攻下九洑洲。

曾國藩自從咸豐四年創辦水軍，到這時已有十年，長江上下都為他所占領，太平軍渡到北岸的路便因此斷絕。

曾國藩勸弟弟：人何必占天下之第一美名？

曾國荃進攻既得手，又增兵萬人，一心想包圍金陵城垣。六月初，太平軍開城衝出，突擊清軍，結果敗退回到城內。七月，清軍先致力於城的東南隅攻奪上方橋。南京城東的要地，近的是中和橋、雙橋門、七甕橋，稍遠的有大𣹢、方山、大方橋、高橋門；偏南的則有秣陵關和博望鎮。這些都是天京的外輔。因為楊輔清違背李秀成的調度，曾國荃才得攻進這個要隘。

李秀成看天京危急，主張衝出包圍，遷都上游，但洪秀全不允行。李秀成只得領軍出南京，謀取解蘇州之圍。李秀成走後，太平軍勢力更孤立，而清兵更加肆無忌憚。

曾國荃在九月分配軍力，連續攻下上方門、高橋門諸隘，而水師也攻下水陽諸壘。曾國藩親察當時形勢說：「金陵一城，面面布置，據有重險，為敵軍堅不可拔之基。自克九洑洲江東橋數隘，而西南一面，已為我有。茲又克七甕橋秣陵關諸隘，而東南一面，又為我有。現今蕭慶衍進紮孝陵衛，經營城外，漸成合圍之局。」

十月，太平守將楊友清舉高淳城降清，曾國荃又奪下淳化鎮等處，占領南京東南一帶之地；另一方面，楊岳斌攻下東壩，奪得建平、溧水，李鴻章同時也拿下蘇州。

蘇州既被攻下，天京的外援已失，曾國荃於是募來更多新兵，增加圍城的力量。同治三年（一八六四年）正月二十一日，曾國荃遮斷天京糧道，攻陷天保城。天保城是鍾山的主壘，關係金陵的安危，等到天保城奪得後，整個金陵便在包圍之中。

城中糧食已盡，李秀成便每天放婦女小孩出城，節省城內糧食，並於城內種麥。三月，鮑超攻下句容、金壇，正逢太平軍小隊入江西，曾國藩命令鮑超加援，這時曾國荃以獨破金陵、最後成功自許，不願別人分他的功績。

金陵城周圍六十多里，太平軍在城內築起「月圍」以供防守。兩年來曾國荃猛力圍攻，在極熱的天氣也不休息，始終不能攻下。從朝陽門到鍾阜門，開地道三十三處，受「月圍」阻擋而無法前進。

四月六日，李鴻章收復常州。這時，金陵圍師增加到五萬人，糧餉短缺。而太平軍西入江西者，一天多過一天。江西全省釐金（按：晚清及民國時期的一種商業銷售稅，依貨品價值而按率徵收）向來都供應給金陵軍，這時江西巡撫沈葆楨奏請截留，專供本省兵餉。曾國藩具疏抗爭，辭氣很銳利，沈葆楨賭氣辭職。清政府居中和解，分釐金的半數給金陵、皖南兩大營，其餘歸本省，而另提輪船經費五十萬兩給金陵軍。

五月初，**清政府催促李鴻章會攻金陵，而曾國荃終覺得城破可待，不願借力於人。**

曾國藩屢次寫信勸他：

細思少荃會攻金陵，好處甚多；其不好處，不過分占美名。後之論者曰：「潤克鄂省，迪克九江，沅克安慶，少荃克蘇州，季高克杭州，金陵一城，沅與荃各克其半而已！」此亦非甚壞之名也。何必全克而後為美名哉？人又何必占天下之第一美名哉？（〈致沅弟．同治三年五月十六日〉）

但**曾國藩對於他弟弟的才幹，還是十分信任的。**「圍攻百十數里，而毫無罅隙；欠餉數百萬，而毫無怨言」，所以**他仍期盼曾國荃能成此大名，作為其千辛萬難之報。而李鴻章也深知此意，不願搶了曾國荃的功勞，以「盛暑不宜火器」為由，遲遲不動身。**曾國荃因此格外激勵諸將，下定必取的決心。

這時金陵城內糧絕，大家吃草根、樹皮，死守不捨。洪秀全憂憤成疾，在五月二十七日逝世，年六十五歲。李秀成扶幼主洪天貴福即位，綜理軍政，寢食俱廢，表容憔悴。

五月三十日，曾國荃打下龍脖子山陰堅壘，就是太平軍所謂地保城。於是築炮臺其上，日夜轟擊。一面又開地道十多處，被太平軍破壞掉五處。有一處從南北穿河底而過，費了很多工夫才抵達城邊。太平軍從城上垂墜而下，鑿壕截斷。曾國荃以火藥轟炸，因已鑿壕宣洩，城牆毀掉的不多，城中立時堵住，曾國荃軍不敢衝上去。於是在太平軍外高堆柴草，直達城下，明挖地道。

李秀成選敢死隊，乘夜自城牆上以繩索垂墜而下，清守道兵則退回營。城兵奪得地道後，便到處尋覓食物，沒有把藥引拔去。第二天中午，地道藥發，城牆崩去二十多丈。清軍本來嚴陣以待，這時便從缺口衝進去，於是攻下金陵，這天是同治三年六月十六日。

天京既破，李秀成被清軍擒住，太平軍十餘萬人無一投降，都「聚眾自焚而不悔」。這件事引起曾國藩的關注和驚懼，認為古今罕見。

這時曾國藩還在安慶，聽說李秀成被擒，便在六月二十三日從安慶東下，二十五日到南京，和曾國荃同審李秀成。曾國荃陳列很多儀衛，叫李秀成進去。李秀成轉過身，藐視的說道：「何必爾，速將紙筆來，吾當書之。吾史館實錄，為爾曹焚掠盡，吾不述奚以傳後？」正好太平天國松王陳德風到來，一見到李秀成便長跪請安，不敢仰視。

曾國荃看到李秀成到此地步，還有這樣的威嚴，擔心恐有事變，便想命令替李秀成加上刑具，放入獄中。而曾國藩不允許，只把他關在署中，並為他設置好休息的地方，給他很好的待遇。

李秀成每天寫著「起事本末」作為「供辭」，多天後累積數萬字。曾國藩因為他以文字內容抵觸清政府，沒收他的稿子，刪改後奏報上呈，這就是後來所傳的供狀。

到了七月六日，請出李秀成飲宴，吃完後李秀成向人揖別，便退入室中自刎而死。曾國藩奏報說已把李秀成正法。李秀成死時年四十。

撤回半數湘軍，以避免權勢過高招禍

關於收復金陵的經過，曾國藩有個奏疏，敘述很詳細。他說到攻城的困難，不只費時很長，還要與傷病搏鬥：

臣抵金陵，周歷各營，接見諸將，均有憔悴可憐之色，蓋自五月三十日攻破地保城後，連攻十五晝夜。但出行隊，未支帳柵，晝則日炙，宵則露宿。又出入地洞之中，面目黧黑；雖與臣最習之將，初見幾不相識。其論功最首之李臣典，

> 冒暑受傷，一病不起。諸將弁亦傷病山積，死亡相屬。臣弟曾國荃，前病業已痊癒，近因隨眾露處過久，又復遍發淫毒。臣帶兵多年，克城數十，罕見如此次之勞苦者。

關於太平天國幼主洪天貴福，他則認為在此戰爭中應當不可能活下來：

> 偽幼主洪福，繞室積薪，為城破自焚之計，眾供皆合。連日在偽宮灰燼之中，反覆搜尋，茫無實據。觀其金玉二印，皆在巷戰時所奪，又似業已逃出偽宮者。李秀成之供，則稱曾經挾之出城，始行分散。然此次逃奔之賊，僅十六夜從地道缺口逃出數百人，當經騎兵追至湖熟，圍殺淨盡。自十七夜後，曾國荃迅將缺口封砌，關閉各城搜殺三日。洪福瑱以十六齡童，縱未斃於烈火，亦必死於亂軍，當無疑義。

又說到李秀成即便被捕，仍有其威嚴：

> 力勸官兵不宜專殺兩廣之人，恐粵匪愈孤，逆黨愈固，軍事仍無了日。其言頗有可采。李逆權術要結，頗得民心。城破後，竄匿民間，鄉民憐而匿之。蕭孚泗生擒李逆之後，鄉民竟將親兵王三清捉而殺之，投諸水中，若代李逆發私忿者。**李秀成既入囚籠，次日又擒偽松王陳德風到營，一見李逆，即長跪請安，**聞此兩端，慮其民心之來去，黨羽之尚堅。

清廷詔封曾國藩一等侯爵，加太子太保銜。曾國荃一等伯爵，加太子少保銜。曾國藩根據李秀成親供，認為洪天貴福已死，因此呈報清廷說其已歿。但實際上洪天貴福並沒有死，他逃出天京後到了廣德投靠李世賢。

幼主離寧出走的消息喧騰，左宗棠、沈葆楨等人甚至上疏談論此事。此外，中外各方也紛傳金陵宮府金銀積聚，但城破後絕無所得，於是免不了許多人的懷疑。曾國藩本認為高官難做，盛名難當，很想功成身退，但一時擺脫不開，且急於求去也顯得行跡奇怪。於是，**他便奏請撤去湘軍半數回鄉，又稱曾國荃病勢日增，請求開缺讓他回籍調理，以避免因權勢而招禍。**

曾國藩自從咸豐三年練湘勇，到同治三年湘軍攻破南京為止，一共費了十一年，一

路上吃盡苦頭，終於獲得最後的成功。他初帶兵時年僅四十三歲，正是壯年奮發之時；到金陵攻下時，他已五十四歲，因為十多年的軍務勞頓，已慢慢顯現老態。

第六章

亂世做大官，功高不震主

1 請辭兩江總督，清廷不准

金陵攻下，清政府以曾國藩既負兩江總督的責任，便要他在南京坐鎮。這時，曾國藩已回安慶。於是在同治三年（一八六四年）九月一日，曾國藩從安慶啟程，七日到南京，十日入督署。當時南京因經歷戰亂，沒有完整的樓房，只有英王府沒有被焚，所以用它當作總督衙門。

曾國藩認為，當前最重要的事便是舉行鄉試，使各方士子雲集，以刺激社會繁榮。因此，他便在十一月舉行鄉試，由李鴻章監試。十二月十五日，鄉試揭曉，一共取正榜兩百七十三人，副榜（按：因名額限制未能列於正榜，而其文字優良者，於發榜時別取若干名列於正榜之後）四十八人。

秦淮燈舫自昔稱盛（按：早在三國時期，南京地區即有在歲時節慶、歡樂喜慶等重要場合張燈結綵的現象，唐代時元宵節燈會正式成為習俗，延續至今），經歷太平天國之亂後，舉目淒涼。曾國藩為社會繁榮，這時便開放秦淮燈舫。歐陽伯元（按：曾國藩友歐陽兆熊的長孫）所述曾國藩逸事，記述如下：

> 當時江寧府知府塗朗軒，名宗瀛，為理學名臣。方秦淮畫舫恢復舊觀也，塗進謁文正，力請出示禁止，謂不爾，恐將滋事。文正笑曰：「待我領略其趣味，然後禁止未晚也。」一夕，公微服，邀鐘山書院山長李小湖至，同泛小舟入秦淮，見畫舫蔽河，笙歌盈耳，紅樓走馬，翠黛斂蛾，簾卷珍珠，梁飾玳瑁，文正顧而樂甚，遊至達旦，飲於河干。天明入署，傳塗至曰：「君言開放秦淮，恐滋事端，我昨夕同李小翁遊至通宵，但聞歌舞之聲，初無滋擾之事，且養活細民不少，似可無容禁止矣。」塗唯唯而退。

當時江寧知府塗朗軒反對恢復秦淮燈舫，認為有鬧事的可能，而曾國藩笑說：「待我親自領略其中趣味，再禁止也不遲。」某天他便微服至秦淮體驗畫舫之樂，直到隔天早上，他找來塗朗軒，說：「我昨晚通宵遊樂，只聽聞歌舞之聲，而沒有聚眾鬧事，還有不少百姓能依此賺得收入，似乎沒有禁止的必要。」塗朗軒只能同意。從這裡便可見識曾國藩的胸襟和見識了。

以立德、立功、立言三不朽鼓勵弟弟

曾國藩認為南京久經兵災，亟需培植地方元氣，因此便飭令各軍大裁湘勇，駐紮在金陵的只餘四營。另一方面，也修理駐防旗營，整飭吏治。

這時，御史陳廷經條陳（按：指條奏天子之呈文。後來也泛稱分條陳述意見之呈文）變更江蘇疆域，以江北與江南劃開，曾國藩則力爭不可分治。他說：「疆吏苟賢，則雖跨江跨淮，而無損於軍事吏事之興。疆吏苟不賢，則雖劃疆分治，而無補於軍事吏事之廢。」清政府聽從他的主張，不變更疆域。

十月一日，曾國藩送曾國荃起程回湘，親自送了百里，直到採石磯才回來。**曾國荃因為功成受謗，不免鬱鬱寡歡，因此曾國藩常常寫信安慰、鼓勵他**。他說：「弟中懷抑鬱，余所深知；究竟弟所成就者，業已卓然不朽。**古人稱立德、立功、立言為三不朽，立德最難**。」所以教他要讀書養氣，以備後用。

此時太平殘軍和捻軍會合，聚集在湖北省境內，並進攻安徽六安、英山、太湖等地。

曾國藩派蔣凝學、劉連捷分頭防禦。敵軍退入蘄水、羅田，占據險要之地，清軍因而不能得利。清廷令曾國藩前往督兵剿滅，又命李鴻章暫代兩江總督，吳棠暫代江蘇巡撫。

李鴻章在十七日抵達南京，曾國藩和他商議裁退楚軍、進用淮軍的計畫，因為曾國藩看出這時湘軍已有暮氣（按：精神衰頽不能振作），而淮軍正當強銳之時。又因為蘄黃四百里以內，曾國藩和僧格林沁、官文等欽差三人都在這裡，恐怕引起敵軍輕視，所以預備進駐安慶、六安等地。剛好這時僧格林沁在蘄水獲勝，因此放棄前往安徽的商議，仍任兩江總督。

曾國藩的剿捻策略：以有定之兵，制無定之賊

同治四年（一八六五年）四月，僧格林沁戰歿於曹州，捻軍的勢力日熾。五月九日，曾國藩奉命赴山東一帶，督兵剿辦捻軍。所有直隸、山東、河南三省綠旗各營，及地方文武員弁，都歸曾國藩節制調遣，不遵守其調度的則嚴加彈劾。曾國藩命潘鼎新一軍乘輪船駛往天津，而力辭節制三省的名目，以免為人側目。

曾國藩預備赴徐州督師，於是招集新兵，添練馬隊，檄調劉松山、劉銘傳、周盛

波、潘鼎新各軍圍剿。

五月二十五日，曾國藩從金陵啟行，閏五月八日到清江浦，二十九日到臨淮關駐營。捻軍進攻雉河集，曾國藩派兵將其打退。先後奏曰：「此賊已成流寇，飄忽靡常；宜各練有定之兵，乃足以制無定之賊。臣由臨淮進兵，將來安徽即以臨淮為老營，及江蘇之徐州，山東之濟寧，河南之周家口，四路各駐大兵，為重鎮。一省有急，三省往援。其援軍之糧草，即取給於受援之地；庶幾往來神速，呼吸相通。」**曾國藩剿捻雖沒有成功，但他的「以有定之兵，制無定之賊」**（按：指重點設防，在捻軍必經之路上駐紮重兵，以此壓制飄忽無常的捻軍）**仍被認為是剿滅流寇的最妥善戰略**。

捻軍都是騎兵，而湘淮軍都是步兵，步兵和騎兵交戰很吃虧，所以在八月四日，曾國藩進駐徐州後便開始整理馬隊。十五日，捻軍破辛家集，徐州戒嚴。十月九日曾國藩領軍進擊，捻軍退回山東。

同治五年（一八六六年）正月，曾國藩在徐州軍次，這時他已五十六歲。二月九日，曾國藩從徐州拔營起行。十五日路過鄒縣，謁孟子廟，十六日路過曲阜縣，謁孔子廟，第二天和衍聖公孔祥珂（按：衍聖公為孔子家族嫡系後裔的世襲封號，孔祥珂是孔子第七十五代嫡孫）一同謁訪孔林，十九日到濟寧州駐營。

該年四月，曾國藩因一時無法南下，且情勢緊急，便派人把家眷從南京送回原籍，而他自己在四月七日時與山東巡撫一起巡視運河，十一日渡黃河到張狄鎮，十九日回到濟寧拔營，換上水程視察運河堤牆。他視察山東軍情，認為：

> 捻匪長處，在專好避兵，不肯輕戰；偶爾接戰，亦復凶悍異常。好用馬隊，四面包圍，而正兵則馬步夾進。馬隊衝突時，多用大刀長棒；步隊冒煙衝突時，專用長錨猛刺。我軍若能擋此數者，則槍炮傷人較多，究非捻匪所可及。

七月八日，曾國藩船進入淮水，十六日到臨淮駐營。這時他因暑氣而生病，二十八日勉強掙扎著起程，八月九日到周家口駐營。

這時，**曾國藩因為湘軍銳氣已盡，數目又少，加上自己年老多病，剿捻已年餘仍無成效，內心十分慚愧**，因此奏請李鴻章到徐州督師，以及已放為湖北巡撫的弟弟曾國荃到襄陽督師。**又稱自己生病難以速痊，奏請開去協辦大學士、兩江總督**，另簡大員接辦軍務，他自己願以散員留營效力，駐紮在周家口作為各省的聯絡中心。

但是，**清政府不准他辭兩江總督**，而令李鴻章專辦剿匪事務，曾國藩則回兩江任辦理軍需的接濟。這時，**御史穆緝香阿彈劾曾國藩，說他「督師日久無功，請量加譴責」。清政府予以駁斥：**「年餘以來，曾國藩所派將領，馳驅東豫楚皖等省，不遺餘力，殲賊亦頗不少。雖未能速蕆（按：音同產，解決、完成之意）厥功，亦豈貽誤軍情者可比？」也有**其他御史彈劾曾國藩驕妄各款，同樣被清廷辯斥。但曾國藩覺得自己高居權位，乃是眾責所歸，內心格外惕然不安。**

同治六年（一八六七年）正月初六，曾國藩從周家口起程，十五日到徐州，十九日接受總督關防，和李鴻章籌商兵餉大計。這時，各單位都要曾國藩離營回署，因此二月三日李鴻章前赴河南督師後，十六日曾國藩便從徐州動身，三月六日回南京。

曾國藩回南京後，四月奏稱製造輪船為救時要策，請將江海關洋稅酌留兩成，一成為專造輪船之用，一成則用於淮軍和添兵等事。七月，曾國藩任體仁閣大學士，仍留兩江總督之任。十月中，曾國荃請准開去湖北巡撫，以便回籍調理。該年十二月，李鴻章剿平東捻。

2 在任一日，盡一日責任

從同治五年至六年，曾國藩因為自己地位過高而感到十分不安。清廷對於漢人一向不信任，這時是因為曾國藩兄弟勞苦功高，而迭次晉級。但是，一個專制的皇朝，誰能確定他們不會找機會翻臉呢？急流勇退，實在是曾國藩所日夕禱盼的。

曾國藩認為亂世做大官，是最痛苦的事。他說：

吾所過之處，千里蕭條，民不聊生，**當亂世處大位而為軍民之司命者，殆人生之不幸耳**。（〈致沅弟·同治六年二月二十一日〉）

諸事棘手焦灼之際，未嘗不思遁入眼閉箱子之中，昂然甘寢，萬事不視，或比今日人世差覺快樂。乃焦灼愈甚，公事愈煩，而長夜快樂之期杳無音信。且又晉階端揆，任責愈重，指摘甚多。人以極品為樂，吾今實以為苦惱之境。然時勢所處，萬不能置身事外，亦惟有「做一日和尚，撞一日鐘」而已。（〈致澄弟．同治六年六月初六日〉）

但他認為在任一日，便要盡一日的責任。所以，曾國藩在兩江任內，**雖然年老多病，政務仍不肯假手於他人，仍舊研究文書、核考吏治，一切章程都自己手定，一切批牘都親手點改**。

因此，薛福成對於曾國藩有這樣一段評論：

政治之要，莫先察吏。曾國藩之在江南，治軍治吏，本身聯為一氣。自軍旅漸平，百務創舉，曾國藩集思廣益，手定章程，期可行之經久。勸農課桑，修文興教，振窮戢暴，獎廉去貪，不數年間，民氣大蘇，而宦場浮滑之習，亦為之一變。（《庸盦文編》）

調任直隸總督，整頓賦稅與辦案

同治七年（一八六八年），這年曾國藩五十八歲。三月時家眷從湘鄉回到南京，二十八日遷入新督署。四月二十四日，曾國藩從南京起程，巡視地方，歷經揚州、鎮江、丹陽、常州、蘇州，在閏四月十日抵達上海，住在高昌廟鐵廠內，查閱輪船洋炮等工程，十五日回南京。

這時曾國藩雖已有些年紀，但仍好學不倦。他出巡地方可算是到處留心，從日記中可以看見他觀察輪船廠的心得：

至機器局，觀一切製造機器，屋宇雖不甚大，而機器頗備。旋觀新造之輪船，長十六丈，寬三丈許。最要者，惟船底之龍骨，中間龍骨夾層兩邊，各龍骨三根。中骨直而徑達兩頭，兩邊骨曲而次第縮短。骨之下，板一層，骨之上，板一層；是為夾板，板厚三寸。龍骨之外，惟船肋最為要緊，約寬三寸有奇，皆用極堅之木。

該年七月，李鴻章剿平西捻。清廷因曾國藩籌辦淮軍後路軍火，讓李鴻章能平定亂事，便將他調任直隸總督。

十一月四日，曾國藩由南京起行，歐陽夫人因患喘咳，所以暫時留在南京。十二月四日抵達直隸，沿途按輿圖稽查山川形勢，尤其詳細考察京城附近的水利，並隨時延訪官紳，注意官吏的輿論賢否，密記在手冊之中。

十二月十三日，曾國藩到北京，寓居東安門外賢良寺。那時慈禧當權，對曾國藩有很深的寄望，要他整理直隸省的營務和吏治。

同治八年（一八六九年）正月二十日，曾國藩離開北京，第二天視察永定河堤工，二十七日到保定，二月二日接篆視事。

曾國藩認為，當時直隸省有兩件刻不容緩的事要辦：第一是賦稅太重，他便查明因氾濫積水而成為窪地、無法耕作之地畝，奏請豁減應徵收的糧賦。**第二是積案太多**，所以他刊發《直隸清訟事宜十條》，又奏稱：「直隸刑案積多，與臬司張樹聲力籌清釐，甫有端緒，張樹聲見調任山西，請暫留畿輔一年，以清積案。」清政府允諾：「曾國藩到任後，辦事認真，於吏治民風，實心整頓，力挽弊習，著如所請，俾收指臂之助。」

曾國藩先後兩次查明屬員優劣，並實行考績方法，分別嘉勉降革，肅清吏治，官民皆稱頌。薛福成記錄如下：

> 其在直隸，未及兩年，如清積訟，減差徭，籌荒政，皆有實惠及民。前後舉劾屬吏疏，尤為眾情所翕服。其法於蒞任之始，令省中司道將所屬各員，酌加考語，開擢匯進，以備校覈，一面留心訪察，偶有所聞，即登之記簿，參伍錯綜，而得其真。俟賢否昭然，具疏舉劾，闔省驚以為神，官民至今稱頌。**曾國藩生平未嘗專講吏事，然其培養元氣，轉移積習，則專精吏治者所不逮也。**（《庸盦文編》）

當時直隸營務廢弛，清廷命曾國藩加以整頓。他認為練軍必需的條件有三：第一，營規要簡單、講求實際；第二，事權專一，不要層層分制；第三，士兵與長官的感情融洽，才能患難與共。

> **一曰文法宜簡。**勇丁帕首短衣，樸誠耐苦，但講實際，不事虛文；營規只有數條，此外別無文告，管轄只論差事，不甚計較官階。挖濠築壘，刻日而告成，運米搬柴，崇朝而集事。兵則編籍入伍，伺應差使，講求儀節，即有一種在官

人役氣象。及其出征，則行路須用官車，紮營須用民夫，油滑偷惰，積習使然。而前此所定練軍規條，至一百五十餘條之多，雖士大夫不能驟通而全記，文法太繁，官氣太重。此當參用勇營之意者也。

一曰事權宜專。一營之權，全付營官，統領不為遙制；一軍之權，全付統領，大帥不為遙制。或欲招兵買馬、儲糧製械、黜陟將弁、防剿進止，大帥有求必應，從不掣肘，近來江楚良將為統領時，即能大展其才，縱橫如意，皆由事權歸一之故。今直隸六軍統領，迭次更換，所部營哨文武各官，皆由總督派撥。下有翼長分其任，上有總督攬其全，統領並無進退人才綜管餉項之權，一旦驅之赴敵，群下豈肯用命？加以總理衙門，戶部兵部，層層檢制，雖良將亦瞻前顧後，莫敢放膽任事，又焉能盡其所長？此亦當參用勇營之意者也。

一曰情意宜洽。勇營之制，營官由統領挑選，哨弁由營官挑選，什長由哨弁挑選，勇丁由什長挑選。譬之木焉，統領如根，由根而生幹、生枝、生葉，皆一氣所貫通。是以口糧雖出自公款，而勇丁感受營官挑選之恩，皆若受其私惠；平日既有恩誼相孚，臨陣自能患難相顧。今練軍之兵，離其本營本汛，調入新哨新隊；其挑取多由本營主政，新練之營官，不能操去取之權，而又別無優待親兵、獎拔健卒之

柄。上下隔閡，情意全不相聯，緩急豈可深恃？此雖欲參用勇營之意，而勢有不能者也。（《曾文正公奏稿》）

曾國藩認為直隸練軍，不外二法：第一是「就本營之鎮將，練本營之弁法」，第二是「調南人之戰將，練北人之新兵」。此後，直隸練軍便照曾國藩的方法，果然大有成效。其他各省仿而行之，營務都為之一振。

3 曾國藩看「洋務」與外交政策

同治九年（一八七〇年），曾國藩總計前後清理積案，計算審結及註銷的案件，共有四萬一千多起。自入春以來，曾國藩老是覺得視力模糊，但看書辦公仍沒有休息，到了三月中右眼便失明。四月又患眩暈，因此便請假一月調養。

當時，天津境內常發生幼童失蹤的案件，民間無知，甚至有傳教士剖心挖眼的傳說。後來，當地民間組織抓住一個名叫武蘭珍的人口販子，他供出是法國教堂教友王三給他的迷藥，於是天津人民群情激憤，毆斃法國領事豐大業（Henri Victor Fontanier），以及殺死修女、神父、信徒及法國領事館人員數十人，接著燒毀天主教堂。

五月二十三日，通商大臣崇厚上奏曰：「天津民人因迷拐幼孩匪徒，有牽涉教堂情事，毆斃法國領事官，焚毀教堂。」清廷便命令曾國藩赴天津查辦。

曾國藩認為：「王三是否果為教堂所養？挖眼剖心之說，是否憑空謠傳，抑係確有證據？此兩者為案中最重要之關鍵。」六月六日，他病體稍癒便立即前往天津。

處理天津教案，先寫遺書

臨行前，曾國藩書遺教一紙，留給他的兩個兒子紀澤、紀鴻，其中交代身後事如何處理，也不忘提醒兒子們「勤」、「儉」的重要：

余即日前赴天津，查辦毆斃洋人、焚毀教堂一案。外國性情凶悍，津民習氣浮囂，俱難和諧。將來構怨興兵，恐致釀成大變。余此行反覆籌思，殊無良策。余自咸豐三年募勇以來，即自誓效命疆場；今老年病軀，危難之際，斷不肯吝於一死，以自負其初心。恐邂逅及難，而爾等諸事無所稟承。茲略示一二，以備不虞。

余若長逝，靈柩自以由運河搬回江南歸湘為便。中間雖有臨清至張秋一節須改陸路，較之全行陸路者差易。去年由海船送來之書籍、木器等過於繁重，斷不可全行帶回，須細心分別去留。可送者分送，可毀者焚毀，其必不可棄者，乃行帶歸，毋貪瑣物而花途費。其在保定自製之木器全行分送。沿途謝絕一切，概不收禮，但水陸略求兵勇護送而已。

余歷年奏摺，令胥吏擇要抄錄，今已抄一半多，自須全行擇抄。抄畢後，存之家中，留於子孫觀覽，不可發刻送人，以其間可存者絕少也。

余所作古文，黎蓴齋（按：黎庶昌，晚清外交家）抄錄頗多，頃渠已照抄一分寄余處存稿。此外，黎所未抄之文寥寥無幾，尤不可發送別人。不特篇帙太少，且少壯不克努力，志亢則才不足以副之，刻出適以彰其陋耳。如有知舊勸刻余集者，婉言謝之可也。

余生平略涉儒先之書，見聖賢教人修身，千言萬語，而要以不忮不求為重。忮者，嫉賢害能，妒功爭寵，所謂「怠者不能修，忌者畏人修」之類也。求者，貪利貪名，懷土懷惠，所謂「未得患得，既得患失」之類也。忮不常見，每發露於名業相侔、勢位相埒之人；求不常見，每發露於貨財相接、仕進相妨之際。將欲造福，先去忮心，所謂「人能充無欲害人之心，而仁不可勝用也」。將欲立品，先去求心，所謂「人能無穿窬之心，而義不可勝用也」。忮不去，滿懷皆是荊棘；求不去，滿腔亦即卑汙。余於此二者，常加克治，恨尚未能掃除淨盡。爾等欲心地乾淨，宜於此二者痛下工夫，並願子孫世世戒之。

歷覽有國有家之興，皆由克勤克儉所致。其衰也則反是。余生平亦頗以勤字自勵，而實不能勤。故讀書無手抄之冊，居官無可存之牘。生平亦好以儉字教人，而自問實不能儉。今署中內外服役之人、廚房日用之數亦云奢矣。其故由於前在軍營規模宏闊，相沿未改。近因多病，醫藥之資漫無限制。由儉入奢易於下水，由奢反儉難於登天。在兩江交卸時，尚存養廉二萬金在，余初意不料有此。然似此放手用去，轉瞬即已立盡。爾輩以後居家須學陸峻山之法，每月用銀若干兩，限一成數另封秤出，本月用畢，只准贏餘，不准虧欠。衙門奢侈之習，不能不徹底痛改。余初帶兵之時，立志不取軍營之錢以自肥其私，今日差幸。不負始願。然亦不願子孫過於貧困，低顏求人。惟在爾輩力崇儉德，善持其後而已。

「孝」、「友」為家庭之祥瑞，凡所稱因果報應，他事或不盡驗，獨孝友則立獲吉慶，反是則立獲殃禍，無不驗者。

吾早歲久宦京師，於孝養之道多疏。後來輾轉兵間，多獲諸弟之助，而吾毫無裨益於諸弟。余兄弟姊妹各家，均有田宅之安，大抵皆九弟扶助之力。我身歿之後，爾等視兩叔如父，事叔母如母，視堂兄弟如手足。凡事皆從省嗇，獨待諸叔之家則處處從厚。待堂兄弟以德業相勸、過失相規，期於彼此有成，為第一要義。其次則親之欲其貴，愛之欲其富，常常以吉祥善事代諸昆季默為禱祝，自當神人共欽。溫甫、季洪兩弟之死，余內省自有慚德；澄侯、沅浦兩弟漸老，余此生不審能否相見？爾輩若能從「孝」、「友」二字切實講求，亦足為我彌縫缺憾耳。（〈諭紀澤紀鴻·同治九年六月初四日〉）

這篇遺教，也可以說是曾國藩偏重於其人生哲學的自傳。他在臨行之前寫此遺囑，也是因為「夷務」難辦，預備以死報國的決心。

不與外國人起衝突，被批評媚外賣國

六月十日，曾國藩抵達天津。這時，天津的民氣激昂，有些人認為要利用天津人的民氣驅逐洋人，有些人主張聯俄、聯英以攻法國，有些主張要彈劾崇厚以伸民氣，也有認為應調集兵勇、準備開戰者。

曾國藩意在秉公辦理，堅保和局，不挑起與外國人之間的衝突，因此嚴戒市民不准藉端滋事。他上奏言：「各省打毀教堂之案，層見迭出；而毆斃領事洋官，則從來未有之事。臣但立意不欲與之開釁，准情酌理，持平結案。使在彼有可轉圜之地，庶在我不失柔遠之方。」後來，**曾國藩便誅去為首滋事的人，將辦理不善的天津府縣革職治罪**。

曾國藩這樣辦案，**引起許多士大夫的不滿，說他媚外賣國**。

其實，以曾國藩的平素為人，並不至於媚外賣國；況且他肅清洪秀全、楊秀清之後，大權在握，更可以在外國人面前大逞威風，以博取壓伏四夷的美名。曾國藩也並非內心有所顧慮，他在前往天津前已寫下遺囑，表示有必死的決心。

他這麼做是為了公道：倘若一味壓迫外國人，包容亂民，一方面可能引起禍亂，以當時清廷的國力勢必難以抵擋；另一方面，若是縱容亂民，將來仇殺外國人、焚燒領事館等事必定層出不窮。曾國藩遠見及此，認為此風不可長，所以不顧朝野清議，斷然依照自己的主見辦理。

曾國藩的外交觀

曾國藩自稱不懂「洋務」，但他對於當時的中外情勢，其實看得很清楚。他對於外交的意見如下：

時事雖極艱難，謀畫必須決斷。伏見道光庚子以後，辦理夷務，失在朝戰夕和，無一定至計；遂至外患漸深，不可收拾……津郡此案，愚民憤激生變，初非臣僚有意挑釁……朝廷昭示大信，不開兵端，此實天下生民之福。惟當時時設備，以為立國之本。二者不可偏廢。（《曾文正公年譜》同治九年）

辦理洋務，小事不妨放鬆，大事之必不可從者，乃可出死力與之苦爭。當康熙全盛之時，而天主教已全盛中國，自京師至外省各城，幾於無處無天主堂，以今日比之康熙時，則傳教一事猶為患之小者，故鄙意不欲過於糾纏，正欲留全力以爭持大局耳。（〈復吳竹莊〉）

承示馭夷之法，羈縻為上，誠為至理名言。自宋以來，君子好詆和局，而輕言戰爭，至今清議未改此態，有識者雖知戰不可恃，然不敢一意主和，蓋恐群情懈弛，無復隱圖自強之志。鄙人今歲所以大蒙譏詬而在己亦悔憾者，此也。

（〈復李正宗書〉）

曾國藩認為，對外不須挑起事端，以大局和平為先，但也須有軍備以防萬一。這種外交見解，在當時可稱得上是高明。

而關於曾國藩的「洋務」知識，薛福成評論他：

自泰西（按：指西方國家）各國通商以來，中外情勢，已大變於往古。曾國藩深知時勢之艱，審之又審，不肯孟浪（按：言行輕率冒失）將事。其大旨但務守定條約，示以誠信，使彼不能求逞於我；薄物細故，或所不較。曾國藩自謂不習洋務，前歲天津之事，論者於責望之餘，加以詆議，曾國藩亦深自引咎，不稍置辯，然其所持大綱自不可易。居恆以隱患方長為慮，謂自強之道，貴於銖積寸累，一步不可蹈空，一語不可矜張，其講求之要有三：曰制器，曰學校，曰操兵。故於滬局之造輪船，方言館之翻譯洋學，未嘗不反復致意。其它如操練輪船、演習洋隊，挑選幼童出洋肄業，無非為自強張本，蓋其心兢兢於所謂綢繆未雨之謀，未嘗一日忘也。（《庸盦文編》）

曾國藩認為洋務知識重點在制器、學校及操兵，而不重視西方的思想、制度，在後世目光看來，非但淺薄得可憐，且不免錯誤。但在當時能有這種見解，已經是十分開明。

八月，兩江總督馬端敏遇刺，因而調任曾國藩為兩江總督，李鴻章為直隸總督。曾國藩上疏懇辭，說不敢以病軀耽誤政務。清廷許以坐鎮，不必親理庶務。

辭職未獲准，曾國藩只得在九月二十三日讓家眷先從運河南旋，自己則入都陛見，和慈禧談海防、傳教及練軍等事。十月十一日，曾國藩六十歲生日，湖廣同鄉京官在湖廣會館為他祝壽。曾國藩於十月十五日離開北京，閏十月十二日到南京。

同治十年（一八七一年）七月三日，曾國藩和李鴻章會奏派遣留學生：「由刑部主事陳蘭彬、江蘇同知容閎，選帶聰穎子弟，前赴泰西各國肄習技藝。從前斌椿、志剛、孫家谷等，奉命遊歷海外，親見各國軍政船政，皆視為身心性命之學。中國當師仿其意，精通其法。查照美國新立和約，擬先赴美國學習，計其程途，由東北太平洋乘坐輪船徑達美國，月餘可到。已飭陳蘭彬、容閎二員酌議章程，請飭下江海關於洋稅項下按年指撥，勿使缺乏。」**這是中國留學生之始**。

八月三日，曾國藩登舟出省檢閱軍隊，歷經揚州、清江、徐州、丹陽、常州、常熟、蘇州、松江、上海等處，檢閱各地駐軍。十月十一日到吳淞，演試新造輪船四艘，曾國藩分別將四艘輪船命名為恬吉、威靖、操江和測海。十三日，曾國藩坐威靖輪西上，十五日改乘測海輪回南京。

4 患病與逝世

曾國藩患有乾癬（psoriasis，學名為銀屑病，又稱白疕、牛皮癬），在他的日記和書信中，時常看到他談及乾癬的痛苦和治療。乾癬是種皮膚病，雖不會危及生命，但發作時十分痛癢，精神上很不好受。

曾國藩生長在湖南山間，從小過著勞動生活，身體比較健康。自從咸豐三年至同治三年，經過十多年的軍事生活，歷盡艱難困苦，辛勞過度，因此便染上了疾病。到南京任兩江總督後，曾國藩已衰老許多。

即使已入於衰老，但曾國藩仍無法休息。同治四年至五年，他忙於剿捻；同治九年，處理天津教案。這兩件都是很勞心勞力的工作，而讓他顯得更加衰老。

同治九年冬天，曾國藩回任兩江，因為病體難支，右目失明，他感到很痛苦。在他的家書中，時常痛自責罰的說：

兄自患目疾，肝鬱日甚。署中應治之事，無一能細心推求。居官，則為溺職之員；不仕，又無善退之法。恐日趨日下，徒為有識者所指摘耳！（〈致澄弟沅弟．同治九年十二月二十一日〉）

余於二月十三日發疝氣疾，右腎腫下墜，近已消腫縮上，不甚為患。惟目疾日劇，右目久盲，左目亦極昏蒙，看文寫字，深以為苦。除家信外，他處無一字親筆。精神亦極衰憊，會客坐談，即已渴睡成寐，核稿時，抑或睡去，實屬有玷此官。（〈致沅弟．同治十年三月十七日〉）

年老記性愈壞，精力益散，於文武賢否，軍民利弊，全無體察。在疆吏中，最為懈弛，則又為之大愧！（〈致澄弟沅弟．同治十年九月初十日〉）

生病仍不願請假休養

同治十一年（一八七二年），曾國藩時年六十二歲。正月二十三日，曾國藩病肝風（按：中醫上指由於臟腑功能失調，氣血逆亂，引發頭暈目眩、四肢抽搐、口眼歪斜等病症），右腳麻木，休息一陣子才痊癒。二十六日出門拜客時，突然不能講話，但服了一點藥之後便好轉。這時，**大家都勸他暫時請假休養，曾國藩不肯。他說：「請假後寧尚有銷假時耶？」**又問歐陽夫人，他的父親曾麟書逝世時的情況（按：可能是因腦血管疾病而去世）。曾國藩很自信的說：「吾他日當俄然而逝，不至如此也！」

正月二十九日，曾國藩在日記中寫道：「余病患不能用心。昔道光二十六七年間，每思作詩文，則身上癬疾大作，徹夜不能成寐。近年或作詩文，亦覺心中恍惚，不能自主。故眩暈、目疾、肝風等症，皆心肝血虛之所致也。不能溘先朝露，速歸於盡，又不能振作精神稍治應盡之職。苟安人間，慚悚何極。」第二天，他又在日記上寫道：「精神散漫已久，凡遇應了結之件，久不能完；應收拾之件，久不能檢，如敗葉滿山，全無歸宿。通籍三十餘年，官至極品。而學業一無所成，德行一無所就；老大徒傷，不勝悚惶慚赧。」

二月二日，曾國藩閱看案牘，執筆時手顫抖，想開口說話卻無法出聲，休息了一陣子。因此，他便告訴兒子曾紀澤，喪事應該用古禮，勿用神道。二月三日閱讀時又有手顫心搖的病象，四日得病逝世。

關於曾國藩逝世的情形，他的小女兒曾紀芬在《崇德老人八十自訂年譜》中曾說：

至二月初四，飯後在內室小坐，余姊妹剖橙以進，公少嘗之。旋至署西花園中散步，花園甚大，而滿園已走遍，尚欲登樓，以工程未畢而止。散步久之，忽足屢前蹴。惠敏在旁請曰：「納履未安耶？」公曰：「吾覺足麻也。」惠敏及與從行之戈什哈扶掖，漸不能行，即已抽搐，因呼椅至，掖坐椅中，舁以入花廳，家人環集，不復能語，端坐三刻遂薨。時二月初四日戌時也。

曾國藩逝世時享壽六十二歲。二弟曾國潢聞訃，從長沙趕到南京治理喪事，扶柩回籍。曾國藩的遺體在五月二十日到長沙，六月十四日出殯，暫葬於長沙南門外金盆嶺，兩年後改葬於善化縣湘西平塘伏龍山南面。

清政府聽到曾國藩逝世的消息，輟朝三天哀悼，又叫何璟等人查明曾國藩生平事業。後來，湖廣總督李瀚章、安徽巡撫英翰、署兩江總督何璟都上奏曾國藩生平事業。李瀚章說：

曾國藩初入翰林，即與故大學士倭仁，太常少卿唐鑑，徽寧道何桂珍，講明程朱之學；克己省身，得力有自。遭值時艱，毅然以天下自任，死生禍福，置之度外。其過人識力，在能堅持定見，不為浮議所搖。用兵江皖，陳四路進攻之策，剿辦捻匪，建四面蹙賊之議。其後成功，不外乎此。

英翰的奏摺上寫道：

自安慶克復後，曾國藩督兵駐紮，整吏治，撫瘡痍，培元氣，訓屬僚若子弟，視百姓如家人。生聚教養，百廢俱舉，至今皖民安堵，皆曾國藩所留貽，一聞出缺，士民奔走，婦孺號泣。以遺愛而言，自昔疆臣湯斌、于成龍而後，未有若此感人之深者。

何璟則說得更詳細，提及曾國藩的不居功、節儉等特質：

咸豐十年，曾國藩駐祁門，皖南北十室九空。自金陵至徽州八百餘里，無處無賊，無日無戰。徽州初陷，休、祁大震。或勸移營他所，曾國藩曰：「吾初次進兵，遇險即退，後事何可言？吾去此一步，無死所也！」賊至環攻，曾國藩手書遺囑，帳懸佩刀，從容布置，不改常度，死守兼旬。檄鮑超一戰，驅之嶺外。以十餘載稽誅之狂寇，曾國藩受鉞四年，次第蕩平，皆因祁門初基不怯，有以寒賊膽而作士氣。臣聞其昔官京師，即已留心人物；出事戎軒，尤勤訪察。雖一材一藝，罔不甄錄；又多方造就，以成其才。**安慶克復，則推功於胡林翼之籌謀，多隆阿之苦戰。金陵克復，又推功諸將，無一語及其弟國荃。談及僧親王及李鴻章、左宗棠諸人，皆自謂「十不及一」**。清儉如寒素，廉俸盡充官中用，未嘗置屋一廛，田一區。食不過四簋，男女婚嫁，不過二百金，垂為家訓，有唐楊綰、宋李沆之遺風，其守之甚嚴而持之有恆者，曰「不誑語，不晏起」。前在兩江任內，討究文書，條理精密；無不手訂之章程，點竄之批牘。前年回任，感激聖恩高厚，仍令坐鎮東南。自謂稍有怠安，負疚滋重。公餘無客不見，見必博訪周諮，殷勤訓勵。於僚屬之賢否，事理之源委，無不默識於心。其患病不起，實由平日事無巨細，必躬必親，殫精竭慮所致也！

這三人的話，當然不免有過於誇張的地方。但仔細研究曾國藩的一生，其實仍有許多值得引以為法。

5 曾國藩的遺聞軼事

曾國藩生二子五女。長子曾紀澤，字劼剛，學識過人，最為曾國藩鍾愛。次子曾紀鴻，字栗誠，曾國藩常說他天分不高，不大喜歡他，其實他也有絕異之資質，篤好算學，孜孜不倦，可惜屢試禮部不第，鬱鬱而夭，過世時僅三十三歲。曾紀澤晚年才得一子，不能繼其業；而曾紀鴻有四子一女，孫曾繁衍。

曾國藩五個女兒，所適（按：女子出嫁）皆曾國藩故人之子。長女嫁湘潭袁氏，次女嫁湘陰郭氏，三女嫁茶陵陳氏，四女嫁湘鄉羅氏，幼女嫁衡山聶氏。年紀較長的四個女兒，曾國藩都見到她們出嫁後的生活：袁、羅二婿頗不肖；郭、陳雖稍可，但一個早卒、一個有隱疾。所以曾國藩這四個女兒都抑鬱終身，曾國藩也終身引以為憾。

而其小女兒曾紀芬在曾國藩過世後出嫁，夫官至浙江巡撫，生子七人、女四人，八十五歲時仍很健康（按：於一九四二年、九十歲時過世），晚年受侄子曾廣鎔之勸而篤信基督教，為人和平謙厚，自稱崇德老人，作《崇德老人八十自訂年譜》追述舊事。

曾國藩傳於世之遺像不多。其一為曾國藩逝世前一年，在兩江總署以照相機拍攝，當時有人推薦一位擅長繪畫的人為曾國藩寫真，但因他年已衰老，不耐久坐，他的兒子便為他拍照片，不過當時照相技術還很落後，需要十多分鐘才能拍好。這是曾國藩生平唯一的相片，其他畫像皆由此摹出。

其二為南京莫愁湖勝棋樓上的石刻像，野服飄然，雖然勾勒簡單，卻頗有神韻。其三為清故宮的湘淮記功冊，已不知流落何處，冊中所刊畫像為曾國荃於光緒中葉追摹，曾國藩穿著侯服冠服，戴雙眼花翎，面目絕肖，設色精巧。

觀曾國藩遺像，其臉略作長形，隆準（按：高鼻）而目有稜。據湘鄉父老言，**曾國藩相貌過人者，眼作三角形，常如欲睡，而絕有光。身材中等，走路步伐極厚重，言語遲緩**。曾國藩常擔憂長子曾紀澤走路太輕、說話太快，在其家訓之中留有紀錄。

所有衣服的價值，不超過三百金

曾國藩一生說湘鄉話，故入朝時慈禧太后聽不太懂他說的話，相關紀錄也見於其日記之中。湘鄉話在江浙地區並不算相當少見，親友、同僚聽習慣了倒也不以為苦。

曾國藩一生從未改湘人農家習俗，每天起得很早，起床後便吃飯，其他人都過不慣這種生活。李鴻章便因為不能早起吃飯，碰了個大釘子。後來有曾國藩幕中來往的人，婉言相勸曾國藩：「非不能起早，乃不能起即吃飯耳。」從此才稍稍除此「虐政」。

湘鄉地區風俗以竹為箱，號曰篾籠，曾國藩的衣服也都是放在篾籠中，而不購買皮箱來收納衣物。

曾國藩在家訓中曾自言位兼將相（按：指能身兼多個職位的官員），**但所有衣服價值不超過三百金**。當時滿人流行以服飾誇耀，只要有一件品質稍佳的貂褂（按：外衣），便不只這個數目了。

曾國藩晚年罹患眼疾，每日傍晚便放下簾幕，點幾支蠟燭，設酒肴糖果與幕客聚談，常縱聲大笑。其長孫曾廣鈞當時六、七歲，依稀記得此情景。

曾國藩一生忍辱負重，於人所不能堪者皆能委曲順受。他在江西督師時，所用欽差辦理軍務關防被地方官駁回，又有云他已革職，不應專摺奏事。曾國藩丁憂再出時，曾上疏痛陳辦事之難。類似這樣的事情，他都能直言不諱。

同治初年，曾國藩任兩江總督，握兵符，而江西巡撫沈葆楨不先商議，遽奏停江西釐捐協餉曾國藩軍。曾國藩以江西為江督所轄之地，沈葆楨又是自己保薦之人，不應如此阻撓，大怒不可遏。便草章痛詆沈葆楨，其言詞於嚴正之中深露憤激之氣，與平日謙謙之度不相符合。曾國藩本屬剛毅一流，其所以能忍，全靠養氣克制工夫，但有時也會一發而不能收拾。

曾氏所居湘鄉老宅曰「白玉堂」，其後諸兄弟另造之屋曰「黃金堂」。曾國藩也自己修葺房屋於富坨，但生前未及入住，後來由其子孫居住。

曾國藩所遺的書籍物品，都存於家祠之中，他的祖父、父親所用的衣服、書籍，乃至於錢櫃之類的物品，他都好好的留示子孫，而他所得賜物及手閱的書也都一一疏記。

曾國藩過世後，其遺物足資紀念者甚多，可惜他的湘鄉故宅後來遭劫掠，且子孫分散，無人留守，聽說所存已寥寥無幾。

後來留存的有曾國藩手批的書若干，手書日記及家書都仍完好，但是當時公牘、帳冊及旗幟、軍器、冠服之類的物品已不可復得。

《曾國藩手書日記》在一九〇九年已石印成三十二冊，此外還有他在京時所書「綿綿穆穆之室日記」數冊，其式為刻板分欄，每日一頁，無事則空缺。

此外，還有他由湘入京會試的日記一冊，用帳簿書寫，上欄記行程瑣事，下欄記日用錢數，同行者為郭嵩燾。其時曾國藩喜愛吸水煙，簿中屢有買水煙之帳，以及在路途中讀《紅樓夢》的紀錄等。

第二部

思想與領導哲學

第七章

權力看很輕，欲望看很淡

1 律己以嚴，而能得人心

曾國藩一生的事業，在前面的六章已大致敘述。

但是，曾國藩一生最值得我們欽佩和效法的地方，與其說是在事業方面，毋寧說是在人格方面。

說起曾國藩的為人，無非是推許他的講禮義、知廉恥，但**他一生中最過人之處，其實是他的「躬自實行」這一點**。禮義廉恥等大道理，任何人都會講，不算稀奇；能躬自實行，先從自己做起，才是難能可貴。對別人滿口禮義廉恥，而自己所做的都不合禮義廉恥，這種人只會引起反感，絕不可能感動任何人。

曾國藩從少年時代起，便已開始克己的工夫。他寫信給他家裡的弟弟們，勸他們及時努力，而他自己也以身作則。他說：

余自十月初一立志自新以來，雖懶惰如故，而每日楷書寫日記，每日讀史十頁，每日記「茶餘偶談」一則，此三事未嘗一日間斷。十月二十一日立誓永戒吃水煙，洎（按：音同季，到、及）今已兩月不吃煙，已習慣成自然矣。予自立課程甚多，惟記「茶餘偶談」、讀史十頁、寫日記楷本，此三事者，誓終身不間斷也。（〈致澄弟溫弟沅弟季弟．道光二十二年十二月二十日〉）

寫日記不是難事，但用楷書寫日記不容易；而日記終身不間斷，更要有極大毅力。水煙是種很小的嗜好，但即使是一件很小的嗜好，要戒絕也不是容易的事。

曾國藩自己也說：「自戒潮煙以來，心神彷徨幾若無主。遏欲之難，類如此矣！不挾破釜沉舟之勢，詎有濟哉？」戒水煙誠然是件小事，但能以破釜沉舟的決心來做，這樣的人才能做大事。

曾國藩還有一件持之有恆、終生不渝的事情，便是早起。他常說：「起早，尤千金妙方，長壽金丹也。」、「吾近有二事法祖父：一曰起早，二曰勤洗腳，似於身體大有裨益。」其實，早起不僅有益於身體，在做事方面也很有裨益，湘軍之所以所向無敵，便是能吃苦，而湘軍起早吃飯也早，正是他們比別人強的原因。

以身作則，才足以指揮將士

凡是律己以嚴的人，都有堅卓志向。曾國藩說：「即以余生平言之，三十年前最好吃煙，片刻不離；至道光壬寅十一月二十一日立志戒煙，至今不再吃。四十六歲以前做事無恆，近五年深以為戒，現在大小事均有恆。」曾國藩這樣律己嚴苛，並不是嘴上說說而已，他是說得到、做得到的人。**他立志寫日記，一直寫到他逝世的前一天，中間沒有間斷，這便是他有恆心的展現。**

他帶兵以後，對自己絕不寬容。他說：「天下滔滔，禍亂未已，吏治人心，毫無更改，軍政戰事，日崇虛偽，非得二三君子，倡之以誠樸，導之以廉恥，則江河日下，不知所屆。默察天意人事，大局殆無挽回之理。鄙人近歲在軍，**不問戰事之利鈍，但課一己之勤惰**。蓋戰雖數次得利，數十次得利，曾無小補。不若**自習勤勞，猶可稍求一心之安**。」（〈與陳俊臣書〉）

帶兵的人最重要的是得人心，而得人心的不二途徑，是律己以嚴。只有以身作則，身先士卒，才足以指揮將士，曾國藩的戰略其實很普通，而他之所以能取得最後勝利，完全是律己嚴厲的結果。

非但如此，曾國藩直到年已衰老，高居總督之位，對於自己仍保持高度要求，他在日記中說：

余日衰老，而學無一成。應作之文甚多，總未能發奮為之。忝竊虛名，毫無實際，愧悔之至！（乙巳五月）

日月如流，倏已秋分。學業既一無所成，而德行不修，尤悔叢集。自顧竟無湔除改徒之時，憂愧曷已。（乙巳八月）

到江寧任，又已兩月餘。應辦之事，余未料理。悠悠忽忽，忝居高位，每日飽食酣眠，慚愧至矣！（庚午十二月）

可見**曾國藩的一生，每天都嚴厲的監視自己、教訓自己。也就因為如此，他在道德和事業方面，都一天天的進步**。

他理解自己所負的責任重大：最初他在家庭方面，負有教導四位弟弟的責任，他自己若不做個好榜樣，就沒有立場指導弟弟們；後來，他成為名人，便負有改變風氣的責任，若無責己以嚴，則不能嚴以馭下。所以，曾國藩的成功，源於他的以身作則。

2 勤儉八字訣

曾國藩的時代，還是中國宗法社會和家庭制度最穩固的時代，所以他相當關心治家一事。

現代社會與曾國藩的時代當然不能相比，但他的治家方法仍不妨拿來參考。**曾國藩的治家方法，只有兩個字：一個是「勤」，另一個是「儉」。**

勤，要慢慢養成習慣

關於「勤」，他曾說：

子侄半耕半讀，以守先人之舊，慎無存半點官氣；不許坐轎，不許喚人取水添茶等事。其拾柴收糞等事，須一一為之。插田蒔禾等事，亦時時學之。庶漸漸務本，而不習淫佚矣。

宜令勤慎，無作欠伸懶慢樣子，至要！至要！吾兄弟中惟澄弟較勤，吾近日亦勉為勤敬。即令世運艱屯，而一家之中，勤則興，懶則敗。

此外，**他也很關心女性的勤勞**。他說：

新婦初來，宜教之入廚作羹，勤於紡績。不宜因其為富貴子女不事操作。大、二、三諸女已能做大鞋否？三姑一嫂每年做鞋一雙寄余，各表孝敬之忱，各爭針黹之工。所織之布，做成衣襪寄來，余亦得察閨門以內之勤惰也。（〈諭紀澤．咸豐六年十月初三日〉）

但**他對於一個人的勤，並不認為要立刻做到，而是主張慢慢養成習慣**。所以他說：

孝敬以奉長上，溫和以待同輩。此二者，婦道之最要者也。但須教之以漸，渠係富貴子女，未習勞苦，由漸而習。則日變月化，而遷善不知。若改之太驟，則難期有恆。（〈致澄弟溫弟沅弟季弟・咸豐六年二月初八日〉）

他又舉出若干勤勞的例子：

家中種蔬一事，千萬不可怠惰。屋門首塘養魚，亦有一種生機；養豬亦內政之要者。（〈致澄弟季弟・咸豐八年七月二十一日〉）

家中養魚、養豬、種竹、種蔬四事，皆不可忽。一則上接祖父來相承之家風，二則望其外而有一種生氣，登其庭而有一種旺氣。

八字訣：書蔬魚豬、早掃考寶

至於「儉」字，曾國藩更是持之以恆、終生不渝。他常常不厭其煩的說：

聞家中修整「富厚堂」屋宇，用錢共七千串之多，不知何以耗費如此，深為駭嘆！余生平以起屋買田為仕宦之惡習，誓不為之；不料奢靡若此，何顏見人？平日所說之話，全不踐言，可羞孰甚？李翥漢言：「照李希帥之樣，打銀壺一把，為燉人參燕窩之用，費銀八兩有奇，深為愧悔。」今小民皆食草根，官員亦多窮困，而吾居高位，驕奢若此，且盜廉儉之虛名，慚愧何地！以後當於此等處，痛下針砭。（〈丁卯四月日記〉）

照料家事，總以儉字為主。情意宜厚，用度宜儉，此居家居鄉之要訣也！

他教訓他的兒子曾紀鴻，也不外勤、儉二字。他說：

凡人多望子孫為大官，余不願為大官，但願為讀書明理之君子。勤儉自持，習勞習苦，可以處樂，可以處約，此君子也。余服官二十年，不敢稍染官宦氣習。飲食起居，尚守寒素家風；極儉也可，略豐也可，太豐則我不敢也。凡仕宦之家，由儉入奢易，由奢返儉難。爾年尚幼，切不可貪愛奢華，不可慣習懶惰。無論大家小家，士農工商，勤苦儉約，未有不興；驕奢倦怠，未有不敗。（〈諭紀鴻．咸豐六年九月二十九日〉）

曾國藩怕家裡人記不得他的勤、儉二字精神，便把這幾件事編成八字訣：

余與沅弟謂治家之道，一切以星岡公為法。大約有八字訣。其四字即上年所稱「書、蔬、魚、豬」也；又四字，則曰：「早、掃、考、寶」也。早者，起早也；掃者，掃屋也；考者，祖先祭祀，敬奉顯考；寶者，親族鄰里，時時周旋，賀喜弔喪，問疾濟急。星岡公常曰：「人待人，無價之寶也。」星岡公生平於此數端，最為認真，故余戲述為八字訣曰：「**書蔬魚豬、早掃考寶也。**」（〈致季弟・咸豐十年閏三月二十九日〉）

曾國藩自己是貧苦出身，他的弟弟們也都吃過苦，但他的子侄輩從小生在仕宦之家，不曉得物力艱難，而有驕傲之氣，這是他最擔心的。

余在京十四年，從未得人二百金之贈，余亦未嘗以此數贈人。雖由余交遊太寡，而物力艱難，亦可概見。余家後輩子弟，全未見過艱苦模樣，眼孔大，口氣大，呼奴喝婢，習慣自然。驕傲之氣，入於膏肓而不自覺，吾深以為慮。吾函以

「傲」字箴規兩弟，兩弟猶能自省自惕，若以「傲」字告誡子侄，則全然不解。蓋自出世以來，只做過大，並未做過小，故一切茫然，不似兩弟做過小，吃過苦也。

曾國藩不喜歡講究排場，因此他規定家中男女婚嫁，不得超過兩百金，以此為家訓。他這樣的儉樸，甚至引起他弟弟的懷疑。《崇德老人八十自訂年譜》中曾有這樣一段記載：

文正公手諭嫁女奩資不得逾二百金，歐陽太夫人遣嫁四姊時猶恪秉成法。忠襄公（按：曾國荃）聞而異之，曰：「烏有是事？」發箱奩而驗之果信。再三嗟嘆，以為實難敷用，因更贈四百金。

曾國藩生於湖南山間，從小勞苦，所以能夠勤儉，這還是常人能做到的。但當他做了高官，仍不渝勤儉的初衷，這種毅力和見識，則值得人們欽仰。

3 埋頭苦幹，不說大話

君子之道，莫大乎以忠誠為天下倡。世之亂也，上下縱於亡等之欲，奸偽相吞，變詐相角，自圖其安，而予人以至危，畏難避害，曾不肯捐絲粟之力以拯天下。得忠誠者起而矯之，克己而愛人，去偽而崇拙，躬履諸艱，而不責人以同患，浩然捐生，如遠遊之還鄉，而無所顧悸。由是眾人效其所為，亦皆以苟活為羞，以避事為恥。

嗚呼！吾鄉數君子所以鼓舞群倫，歷九州而戡大亂，非拙且誠者之效與？

這是曾國藩〈湘鄉昭忠祠記〉的一段文字（按：此文為曾國藩回顧湘軍成立過程及成功原因，他認為湘軍能平定大亂，是「拙」與「誠」的結果）。**曾國藩的一生事業，就靠著「拙誠」二字而成功。**

在虛浮偽滑的世界，**唯有守「拙」的人能獲得成功，唯有至「誠」能收實效**。取巧和虛偽，固然可以取得一時的便宜，但終究會失敗。

曾國藩生在湖南山間，亢直的民族性使得他去「偽」而崇「拙」。他未嘗沒有想過取巧，但他認為取巧作用不一定好，倒不如以誠的本質待人：

吾自信亦篤實人，只為閱歷世途，飽更事變，略參些機權作用，把自家學壞了！實則作用萬不如人，徒惹人笑，教人懷憾，何益之有？近日憂居猛省，一味向平實處用心，將自家篤實的本質，還我真面，復我固有。賢弟此刻在外，亦急須將篤實復還，萬不可走入機巧一路，日趨日下也。縱人以機巧來，我仍以含渾應之，以誠愚應之。久之，則人之意也消。

實踐拙誠，有五到

曾國藩的「拙誠」的態度，不只幫助他事業成功，還能改變他人的氣質。

李鴻章富有才氣，曾國藩很賞識，並自以為不及。但江南的虛偽空氣，樸質的曾國藩可是完全看不順眼。他看出李鴻章的才幹可用，而浮巧為其弱點，所以，當李鴻章在曾國藩幕府時，曾國藩有一次藉機對他說：「少荃！既入我幕，我有言相告，此處所尚惟一『誠』字而已。」李鴻章為之悚然。後來李鴻章的功業，可說是經過他的老師一番苦心而造成。

所謂「拙誠」，用現代的話來說，就是「埋頭苦幹」，多實際動手做，而不在口頭誇耀宣傳。這雖不能完全包括「拙誠」二字的意義，但它的精粹就在於此。所以，只懂說大話而不知埋頭苦幹的人，是曾國藩最瞧不起的。他的湘軍首領，都是不善於說話的人，而他認為湘軍之所以無敵，原因就在這裡。其實，這就是「拙誠」二字的實效。

「公貌之過人者，眼作三角形，常如欲睡，而絕有光。身材僅中人，行步則極厚重，言語遲緩。公常以長子紀澤行路太輕，說話太快為憂，見於其家訓。」由此可見，曾國藩是如何「崇拙抑巧」。

為了**貫徹他的「拙誠」主義，他又創「五到」之說**。所謂「五到」，就是「**身到、心到、眼到、手到、口到**」。至於這「五到」的內涵，曾國藩自己則說：

身到者，如作吏，則親驗命盜案，親查鄉里；治軍，則親巡營壘，親冒矢石是也。心到者，凡事苦心剖析：大條理，小條理，始條理，終條理，先要擘得開，後要括得攏是也。眼到者，著意看人，認真看公牘是也。手到者，於人之短長，事之關鍵，隨筆寫記，以備遺忘是也。口到者，於使人之事，警眾之辭，既有公文，又不憚再三苦口丁寧也。（《曾國藩名言類鈔》）

曾國藩這「五到」之說，引起許多人注意，並試著實踐。細看他所謂「五到」，無非是腳踏實地、不厭煩瑣、不怕艱難的做事。看起來不難，但若非抱著「拙誠」決心的人，其實並不容易做到。

4 找自己的過失，也請朋友直言以告

人不可能無過，雖聖賢也不免。**曾國藩過人的地方，不在於他毫無過失，而在於他平時會自己找出過失**，以及請旁人指出自己的過失，並以極大的毅力改過。

曾國藩求過的方法，第一是**寫日記自己求過**。只要能誠實不欺，且無事不記，寫日記的成效其實很大。曾國藩的日記，便能做到這一點。他在日記中說：

近時河南倭艮峰（倭仁）前輩，用功最篤實。每日自朝至寢，一言、一動作，飲食皆有劄記。或心有私欲不克，外有不及檢，皆記出。（辛丑七月）

因此，曾國藩便依照倭仁的方法，在日記中寫出自己的過失，時時警惕以求改過。他的日記中，找出自己過失的例子有很多：

前以八德自勉，曰：勤、儉、剛、明、孝、信、謙、渾，近日於勤字不能實踐；於謙、渾二字，尤覺相違，悚愧無已。（甲子四月）

小珊前與予有隙，細思皆我之不是。茍我素以忠信待人，何至人不見信？茍我素能禮人以敬，何至人有慢言？且即令人有不是，何至肆口謾罵，忿戾不顧，幾於忘身及親若此？此事予有三大過：平日不信，不敬，相恃太深，一也！此時一語不合，忿恨無禮，二也！齟齬之後，人反平易，我反悍然，不近人情，三也！（壬寅正月）

直到他年衰官高，勤求己過仍不肯稍微寬待。他說：「吾平日以儉字教人，而吾近來飲食起居，殊太豐厚。昨聞魁時若將軍言，渠家四代一品，而婦女在家，並未穿著綢緞料；吾家婦女亦過於講究，深恐享受太過，足以折福。」

又說：「人而不勤，則萬事俱廢，一家具有衰象。余於三四月內不治一事，於居家之道，大有所損，愧悚無已！」

真心接受朋友、弟弟們的忠告

曾國藩求過的第二方法，便是**請求朋友和弟弟直言相告**。他說：「安得一二好友，胸襟曠達，蕭然自得者，與之相處，砭吾之短。其次則博學能文，精通訓詁者，亦可助益於我。」（按：胸襟曠達、瀟灑之人，能點出我的過失；其次是博學之友，對我也有幫助）又說：「余身旁須有一胸襟恬淡者，時時伺吾之短，以相箴規，庶不使『矜心』生於不自覺。」

在他的家書中，可常常看到他請弟弟們提出忠告與勸戒：

諸弟遠隔數千里外，必須匡我之不逮，時時寄書規我之過。務使累世積德，不自我一人而墮，庶幾持盈保泰，得免速致顛危。諸弟能常進箴規，則弟即吾之良師益友也！

外間指摘吾家昆弟過惡，吾有所聞，自當一一告弟，明責婉功，有則改之，無則加勉，豈宜祕而不宣？

九弟諫余數事，余亦教九弟：靜虛涵泳，蕭然物外。

喜歡他人奉承言語，而對他人指責感到憤怒，乃是人之常情。但朋友們對曾國藩提出的忠告，他都真心接受。他說：

竹如教我曰：「耐。」予嘗言竹如「貞」足幹事，予所闕者「貞」耳！竹如以一「耐」字教我，蓋欲我鎮躁以歸於靜，以漸幾於能「貞」也。此一字，足以醫心病矣！

作梅言：「見得天下皆是壞人，不如見得天下皆是好人，存一番薰陶玉成之心，使人樂於為善」云云。蓋諷余近日好言人之短，見得人多不是也！（〈庚申九月日記〉）

有許多居大位的人，因為聽不到逆耳忠言、聽不到真的評論，結果葬送前程。曾國藩這種勤求己過、喜聞諍言的態度，很值得我們取法。

5 論功推於人，論過引為己責

曾國藩還有另一種美德，便是待人忠恕。

嚴以律己的人，一定待人忠恕。人和人之間的衝突，不過是為了利害關係。**一個嚴以律己的人，會把權力看得很輕、欲望看得很淡薄**，如此一來，**在人與人往來中，他絕不會對任何人有過度的苛求。這就是忠恕。**

曾國藩一生朋友很多，很得人心。為什麼這麼多人都願意和他做朋友？為什麼別人無法像他這樣得人心？就是因為他待人忠恕。他說：

敬恕二字，細加體認，實覺刻不可離；敬則心存而不放，恕則不蔽於私。大抵接人處事，於見得他人不是，極怒之際，能設身易地以處，則意氣頓平，故恕字為求仁極捷之徑。

生平最不喜好大爭功

忠、恕二字，若非有極大度量，其實並不容易做到。曾國藩所謂忠恕，並不是嘴巴說說，而是能說到做到。曾國藩的度量很大，**他和左宗棠的關係，便可以證明他待人忠恕的程度**。

左宗棠原本是個沒沒無聞的人，四十一歲前仍在鄉間私塾教書，他因辦理團練而受到曾國藩賞識。因此，咸豐十一年浙江軍事緊急之時，曾國藩力保左宗棠，說他「前在湖南撫臣駱秉章幕中贊助軍謀，兼顧數省，其才實可獨當一面，請令左宗棠督辦浙江全省軍務」。

可是，左宗棠為人放蕩不羈，恃才傲物，老是和曾國藩過不去。而曾國藩對於左宗棠這種恩將仇報的行為，並沒有仇怨的表示，由此可見他的度量。

氣量狹小的人，絕對做不到忠、恕。而**曾國藩做事，論功則推於人，論過則引為己責。他最不喜「好大爭功」**。同治四年九月，清廷發節制楚北之諭，而曾國藩上疏云：「湖廣總督官文，久歷戎行，老成持重，資格在臣之先，名位居臣之右，所有湖北防務及越境剿敵諸軍，久經官文派定，乃以臣分居節制之名，縱官文不稍有芥蒂，而駭中外之聽聞，滋將士之疑貳，所關實非淺鮮。天下至大，事變方殷，決非一手一足所能維持，伏懇朝廷廣收群策，不因用一二人而沮名臣之氣。」從此疏文，可看出曾國藩公忠體國的一片用心。

本章所述如「律己以嚴」、「治家勤儉」、「拙誠」、「虛心求過」、「待人忠恕」，是曾國藩人格偉大的地方。他之所以受後人欽仰，最重要的便是他的不凡人格。

第八章

政治要清明，先要有明主

1 致力成為「賢臣」

不管從曾國藩的家世，還是從他的生活、信仰來看，他都是道地的「儒家」。因此，**他的政治思想離不開儒家範疇**。

儒家依孔子為宗，所以孔子的政治思想，也是曾國藩所信奉的。雖然曾國藩的時代，和孔子的時代已相差幾千年，或許已有些許不同，但原則上曾國藩的思想，大半是脫胎於孔子的政治思想。

在曾國藩的時代，少不得有一個君主。曾國藩對於所謂的「人君」，有怎樣的要求？他說：

隋開皇之十二年，有司家府藏皆滿；無所容，積於廊廡。曾不一紀，煬帝嗣位，東征高麗，南幸江都，遂至窮困。唐天寶之八載，帝觀帑藏，金帛充牣，古今罕儔。曾不數年，祿山反叛，九廟焚毀，六飛播遷，遂以大變，故國之富不足恃，**獨恃有人主兢兢業業之一心耳**。（〈辛亥七月日記〉）

所以，**曾國藩認為政治要清明，最重要的是有一位「明主」**。

有明主，就要使自己成為賢臣

可是一國的康泰，**僅有一位「明主」遠遠不夠，還得有許多「賢臣」**。他說：

李牧在趙，匈奴不侵；汲黯在朝，淮南寢謀。林甫為相，閣鳳反；盧杞柄政，李懷光叛。反叛，非其本心也！故人君謹置左右之臣，其益於人國者，多矣！（〈辛亥七月日記〉）

「忠君」和「愛國」是儒家政治中心。曾國藩曾說：「大君以生殺予奪之權授之督撫將帥，猶東家以銀錢貨物授之店中眾夥。若保舉太濫，視大君之名器不甚愛惜，猶之賤售浪費，視東家之貨財不甚愛惜也！介之推曰：『竊人之財，猶謂之盜，況貪天之功以為己力乎！』余則略改之曰：『竊人之財，猶謂之盜，況假大君之名器以市一己之私恩乎！』余忝居高位，惟此事不能力挽頹風，深為慚愧。」所以，**他認為自己在政治上該努力的，便是盡力使自己成為一名賢臣**。

至於具備怎樣的條件，才能稱得上是「賢臣」？**第一，當然是忠於君主**。在曾國藩家書中，時常流露他的忠君思想。例如當他榮邀祿位時，他說：「一門之內，迭被殊恩，無功無德，忝竊至此，慚悚何極？惟當同心努力，仍就『拚命報國，側身修行』八字上，切實做去。」他又認為，**君臣之間當推誠相見，不可稍有隔閡**，因此他說：「初膺開府重任，心中如有欲說之話，思自獻於君父之前者，盡可隨時陳奏。奏議是人臣最要之事，弟須加一番工夫。」

賢臣的第二要義，便是「愛民」。他曾說道：「默觀近日之吏治人心，及各省之督撫將帥，天下似無戡定之理。吾惟以一『勤』字報吾君，以『愛民』二字報吾親。」又說治世之道，專以「致賢」、「養民」為本，也是同樣的道理。

禮義廉恥為政治、修身的重點

曾國藩認為，治國、平天下的大道理，除了「忠君愛國」和勉力做「賢臣」之外，還有「神道設教」和「道德的束縛」。

他認為天下大事宜考究者，共有十四大類：「曰官制、曰財用、曰鹽政、曰漕務、曰錢法、曰冠禮、曰婚禮、曰喪禮、曰祭禮、曰兵制、曰兵法、曰刑律、曰地輿、曰河渠。」為什麼「喪禮」和「祭禮」會被他立在天下大事之列呢？其中就含有神道設教的意義。

從前，皇帝在登極和元旦日都要「祭天」，且把祭祀看作是極隆重的典禮，至少這些都是神權時代遺留下來，儒家的政治家認為極重要的事。但**儒家所主張的只限於「祭天」和「祭祀」二事，佛教、道教等崇拜偶像的舉動，他們是「敬鬼神而遠之」**。

至於**禮義廉恥，是維持社會的公共信條，是約束人民的道德律**。因此，**講王道而排斥霸道的儒家政治，最崇尚的便是禮義廉恥**。曾國藩的一生，自己便以禮義廉恥自矢，以禮義廉恥教人，以禮義廉恥治民。崇揚禮義廉恥，也是曾國藩政治思想的要點。

2 曾國藩與太平天國思想上的衝突

曾國藩的政治思想是忠君愛民，是提倡禮義廉恥，是信奉先聖先賢，完全是儒家的思想。只要把他的〈討粵匪檄〉和太平天國的〈奉天討胡檄〉對照，便可以知道**曾國藩的政治思想，在根本上與太平天國相衝突**。

太平天國的檄文，開頭便說：「上帝之天下，非胡虜（按：此指清統治者滿族）之天下。」上帝是什麼？儒家書籍中雖有此名稱，且皇帝每年冬至有祭天典禮，但這絕非太平軍所奉的上帝。

曾國藩只知道中國是三皇五帝傳下來、是周公孔子教化養成、是儒家維護而成。中國人各有各的祖先，幾千年來都有譜牒可考。但太平天國的檄文上卻說：「公等世居中國，誰非上帝子女？」這在曾國藩等儒家讀書人看來，完全不能理解。

推翻傳統人倫，引發「衛道」之爭

清以少數民族的身分統治中國，曾國藩當然很清楚。但那時清開國已兩百年，當年的創傷已經平復，**曾國藩從小在孔孟的「忠君愛國」的思想中長成，對於「君皇」的觀念，認為是天意所在，倘若非其人選，天也絕不會把人世間的統治權付託給他**。所以他**對於君主，只有信仰，沒有懷疑**。

如果太平天國僅以打倒「胡虜」為號召，而不反對儒家、不宣傳「異端」、不侮辱中國幾千年傳下來的禮義廉恥，也許不會引起士大夫階級那麼大的反感，可能也不會引起曾國藩的武力抵抗。但事實不然，所以曾國藩和洪秀全不免要拚個你死我活。

曾國藩檄文說：「（太平天國）謂惟天可稱父，此外凡民之父，皆兄弟也；凡民之母，皆姊妹也。」太平天國的這番說法，簡直把中國幾千年來的人倫都推翻了。他認為，不只負有領導社會責任的士大夫要起而反對，即使是其他農、工、商階級也都應該反對。

中國自古以來禮教治國，不論遭遇何等變亂，聖賢的書不可不讀，聖賢的遺教不可不守。**洪秀全排斥孔子的經書，而以基督教的經典為立國綱要，無怪乎曾國藩等讀書人**

要視其為「名教之奇變」了。

讀書人認為聖廟、學宮、祭祀很重要，可是太平軍一到郴州，便燒掉學宮、毀棄木主（按：木製的神主牌位），甚至於「關帝、岳王之凜凜，亦皆汙其宮室」。如此的人倫大變，曾國藩無法忍受，而領導一班志同道合的人——如胡林翼、左宗棠、李鴻章等——出來「衛道」了。

平均地權、改訂曆法，根本上改變中國傳統

太平天國的政治思想，除了宗教以外，還有兩件事與曾國藩的政治思想根本互相衝突。第一是田畝的分配，第二是曆法的改訂。

太平天國實行平均地權，認為天下的田是上帝所有，再來分配給個人。將土地按年產高低分為三級九等，由尚尚田、尚中田、尚下田，一路排序至等級最低的下下田。其分配之法有記載：「凡男婦，每一人自十六歲以上受田，多逾十五歲以下者一半。如十六歲以上分尚尚田一畝，則十五歲以下分尚尚田五分。」、「一家六人，分三人好田，分三人醜田；好醜各一半。」

此外，太平天國的理想社會為：「凡天下田，天下人同耕，此處不足，則遷彼處，彼處不足，則遷此處……務使天下共享天父上主皇上帝大福，有田同耕，有飯同食，有衣同穿，有錢同使，無處不均勻，無人不飽暖也。」（按：以上記錄於一八五三年太平天國頒布的《天朝田畝制度》，但此制度並未正式在太平天國統治地區實施過）這種帶有社會主義的政治思想，當然不是封建社會中生長的曾國藩所能認同。

太平天國頒布的曆法，既不合中國舊有的朔望舊制，也與西曆不相符，是一種獨創的曆法：「以三百六十六日為一年，單月三十一日，雙月三十日，立春、清明、芒種、立秋、寒露、大雪具十六日，餘俱十五日。」陰曆是中國數千年來的習慣，尤其在農事方面以此為標準，而太平天國把這個幾千年來傳統的曆法取消，無怪乎引起一般人的反對了。

曾國藩和太平天國的政治思想，根本上完全不同，宗教信仰又如此懸殊，也就難怪兩者不能相互包容，而產生敵對的行為。

第九章

為官的貢獻

1 處處是人才，唯須留心造育

曾國藩在行政方面的貢獻，最值得注意的是他「作育人才」的方法。

曾國藩認為，倘若上位者不培育，天下就沒有人才。而他也認為，天下到處是人才，只需要到處留心、造育。他在〈原才〉一文中說道：「風俗之厚薄奚自乎？一二人之心之所向而已……此一二人者之心向義，則眾人與之赴義；一二人者之心向利，則眾人與之赴利。眾人所趨，勢之所歸，雖有大力，莫之敢逆……今日君子之在勢者，輒曰：『天下無才』；彼自屍於高明之地，不克以己之所向，轉移習俗，而陶鑄一世之人。而翻謝曰無才，謂之不誣，可乎否也？」

（編按：曾國藩認為社會風俗的好壞，取決於一、兩個在高位者的心理趨向。因此，身處高位的士大夫應擔負培養人才的責任，不可推卸責任說天下無人才。）

曾國藩在〈箴言書院記〉裡說：「竊嘗究觀夫天之生斯人也，上智者不常，下愚者亦不常。擾擾萬象，大率皆中材耳。中材者，導之東而東，導之西而西，習於善而善，習於惡而惡。」

人才越求則越出，不求則不得

曾國藩既抱著「**人才越求則越出，不求則不得**」的態度，便極力搜羅人才。他搜羅人才的方法，第一是「訪求」，第二是「料理官車，摘由備查」，第三是「圈點京報」，第四是「注解縉紳」。從現代的目光來說，這是極詳細的「人事資歷簿」。

關於用人之道，曾國藩在道光三十年（一八五〇年）咸豐皇帝登極時所上的奏摺之中，說得最為清楚。他說：「今日所當講求者，惟在用人一端耳。方今人才不乏，欲作育而激揚之，端賴皇上之妙用。大抵有轉移之道，有培養之方，有考察之法，三者不可廢一……見無才者，則勖（按：音同序，勉勵之意）之以學，以痛懲模稜疲軟之習；見有才者，則愈勖之以學，以化其剛愎刻薄之偏。十年以後，人才必大有起色……蓋轉移之道，其略如此……所謂培養者，約有數端：曰教誨，曰甄別，曰保舉，曰超擢。」

他在日記中也曾扼要的提及用人之法：「**得人不外四事，曰：廣收、慎用、勤教、**

嚴繩。」

曾國藩教育人才的方法不外乎下列幾種：

一、多講話。曾國藩不厭反覆，不厭求詳，一次講完怕對方不了解，便會再講第二次——讓人「耳熟能詳」，不好意思不聽他的話。他練湘勇時也要求「勤口」、「多講多辯」。

二、多見面。曾國藩與幕僚每天一起吃早飯，期望大家常見面而情感融洽。此外，他也時時召見各地僚屬，見面便「多問外事」，他認為這樣不只「屬官優劣粲呈，即長官淺深，亦可互見」，且含有鼓勵、慰勉作用。

三、多寫信。未能見面的時候，便多寫信。

四、提示好榜樣。曾國藩說：「做好人，做好官，做名將，俱要好師、好友、好榜樣。」他的書牘中常見他樂道之人善，就是教對方學習好榜樣。

多選替手，避免人才一走，事情便失敗

曾國藩還有常人往往無法企及的遠大目光，便是多選替手。他說：「辦大事者，以

多選替手為第一義。」這種為國求賢的精神，是曾國藩最偉大的地方。許多能力高強的偉人，因為不知找替手，在世時固然轟轟烈烈，等到他一去世，便「人亡政息」了。而曾國藩在軍營之中，便竭力設法「造成獨當一面之才，以為久遠不敗之地」。他並非為了擴充勢力，且這樣做往往也是使勢力分化。他的目的在於作育人才，多選替手，這是他從經驗中得來的。

關於曾國藩的知人善任和作育人才，薛福成說得很詳細。他說：

自昔多事之秋，無不以賢才之眾寡，判功效之廣狹。曾國藩知人之鑒，超軼古今；或邂逅於風塵之中，一見以為偉器；或特色於形跡之表，確然許為異才。平日持議，常謂天下至大，事變至殷，決非一手一足之所能維持。故其振拔幽滯，宏獎人傑，尤屬不遺餘力。嘗聞江忠源未達時，以公車入都謁見，款語移時。曾國藩目送之曰：「此人必立名天下，然當以節烈稱。」後乃專疏保薦，以應求賢之詔。胡林翼以臬司統兵，隸曾國藩部下，即奏稱其才勝己十倍，二人皆不次擢用，卓著忠勤。曾國藩經營軍事，卒賴其助。

其在籍辦團之始，若塔齊布、羅澤南、李續賓、李續宜、王錱、楊岳斌、彭玉麟，或聘自諸生，或拔自隴畝，或招自營伍，均以至誠相與，俾獲各盡所長，內而幕僚，外而臺局，均極一時之選。其餘部下將士，或立功既久而浸至大顯，或以血戰成名，臨敵死綏者，尤未易以悉數。最後遣劉松山一軍入關，經曾國藩拔之列將之中，謂可獨當一面，卒能揚威秦隴，功勳卓然。

曾國藩又謂人才以培養而出，器識以歷練而成。故其取人，凡於兵事餉事文事有一長者，無不優加獎借，量材錄用。將吏來謁，無不立時接見，殷勤訓誨。或有難辦之事，難言之隱，鮮不博訪用知，代為籌劃。別後則馳書告誡，有師弟督課之風，有父兄期望之意。非常之士，與自好之徒，皆樂為之用；雖桀驁貪詐，若李世忠、陳國瑞之流，苟有一節可用，必給以函牘，殷勤諷勉，獎其長而指其過，勸令痛改前非，不肯遽爾棄絕。此又其憐才之盛意，與造就之微權，相因而出者也。（薛福成〈代李伯相擬陳督臣忠勳事實疏〉）

曾國藩的時代人才輩出，尤其是他的幕府中，賓僚盛極一時，其實並非偶然。

2 整頓官員，有四招

國家的治與亂、社會安定與否，背後原因當然很多，但吏治的清濁是其中最重大的因素。

曾國藩生處的時代，是大亂的時代。大亂的起因多半是「官逼民反」。吏治不修，在上者日事貪汙，天下怎麼不亂？所以**曾國藩先見及此，他初年任職京官時，便以整飭吏治為念**。等到後來做了兩江總督，自己手握整飭吏治的權力，更是努力實行。

曾國藩講求吏治，並不是隨口說說，而是有整飭吏治的資格和決心。**好官不外乎「清」、「慎」、「勤」，而他本身便具有清、慎、勤的資格。他既能以身作則，又能不顧一切、大刀闊斧的整頓，有了整飭吏治的決心、能力和辦法，才能達到改革吏治的目的。**

想要以武力平定一個地方，所做的工作其實只有三分軍事，而另外七分要用政治。

曾國藩是帶兵的人，而非專講吏治，但他也很注意吏治，這便是他在軍事中得到的經驗。他認為：「今日局勢，若不從吏治人心上痛下工夫，滌腸蕩胃，斷無挽回之理。」

整頓四招：選吏、察吏、訓吏、恤吏

他整飭吏治的方法，是先以自己當榜樣。接著再從事「選吏」、「察吏」、「訓吏」、「恤吏」等整飭吏治之道。

「選吏」便是盡心訪求人才，破格選用。破除情面，不用私人，只問才不才，不問親不親。他說：「當常以求才為急；其闒冗（按：庸碌低劣。闒音同踏）者，雖至親密友，不宜久留，恐賢者不願共事一方也。」至於好吏的標準，第一是愛民，第二是廉潔。

「察吏」是官吏既被任命之後，須時時考察，綜核名實，以為獎懲的標準。關於察吏的方法，曾國藩認為須從「勤見僚屬，多問外事」下手。他認為察吏的步驟是「蒞事伊始，其察之也不嫌過多，其發之也不宜過驟，務求平心靜氣考校精詳，視委員之尤不職者撤參一二員。將司役之尤無良者痛懲一二輩。袁簡齋云：『多其察，少其發。』僕更加一語云：『酷其罰。』三者並至，自然人知儆懼，可望振興」。

「訓吏」是在官吏就職的時候，給他們切實的指示。此後，還要時時指導，使他們有所循遵，而不致於日就荒嬉。曾國藩訓吏不願意多用公文，認為公文不如私函來得懇切詳明。此外，他還時常當面為官吏詳細解說，期望他們能樂於為善去惡，興利除弊。

「恤吏」是體恤官吏的艱難，能設身處地為官員著想，設法解決其困難，使好的官吏不致因此而消極，壞的官吏不致因此而作惡。此外，不強迫官吏做實際上難以辦到的事，以免他們作假搪塞，無補於實際情形。又例如官吏因公而死，或積勞致疾，便優予撫恤，以資獎勵。

以上所述是曾國藩整飭吏治的綱要，他就是用這套方法，造就一時清廉的吏治。

3 財政首重節流

曾國藩並不是理財專家，但他帶領兵勇，就必須注意軍餉的來源；又因他為人事事留心，所以他對於財政的想法與做法，和專家相差並不多。

說來說去，理財方法不外乎「開源」和「節流」兩件事。而**曾國藩尤其注意節流，他特別留心於減冗員和裁浮費**（按：裁去不必要的開支）。他認為：切莫以為這是小事，這其實與國計民生有很大的關係。

至於具體的施行，曾國藩注意的是「釐卡」和「鹽務」。咸豐軍興後，最初軍餉還可維持，後來則越發困難。於是，便想出設關卡收取釐金，以資助軍餉的辦法。初期為值百抽一（一釐，也就是一％），後來加到值百抽五（五％），甚至有時候加到值百抽十（一〇％），因為徵收釐金漫無限制，加上弊端百出，所以商旅對此多有怨言。曾國藩很留心釐卡的弊端，他在〈復李黼堂書〉中曾說：

卡弊不除，則為害甚巨，理財之道，莫患乎上不歸官，下不歸民，而歸於中飽之蠹，漏卮日洩，餉源日虧，來書歷歷指摘，自係確有所見，若慮防弊，反以作弊，遂謂無可信之人，無可行之法，則是因噎而廢食，豈能變通而盡利？

他認為，其實江西釐務立法縝密，只是各卡的賢員過少，因而導致弊端百出。**他認為卡員之所以太少，問題出在條例繁雜，而不知道應該越簡明越好**。所以，他想出種種方法，**慎重選擇卡吏，防止卡吏的弊端，以救時弊**。

對當時鹽務（鹽業）的見解

而關於「鹽務」，他更有詳細的觀察。他在家書中寫道：

> 鹽務利弊，萬言難盡，然扼要亦不過數語。太平之世兩語，曰：「出處防偷漏，售處防侵占。」亂離之世兩語，曰：「暗販抽散釐，明販收總稅。」
>
> 何謂出處防偷漏？鹽出於海濱場竈，商販赴場買鹽，每斤完鹽價二三文，交

竈丁收，納官課五六文，交院司收，其有專完竈丁之鹽價，不納院司之官課者，謂之私鹽，即偷漏也。

何謂售處防侵占？如兩湖江西，均係應銷淮鹽之引地；主持淮政者，即須霸住三省之地，只許民食淮鹽，不許鄂民食川私，湘民食粵私，江民食閩私。亦不許川、粤、閩各販侵我淮地，此所謂防侵占也。

何謂暗販抽散釐？軍興以來，細民在下游販鹽，經過賊中金陵、安慶等處，售於上游華陽、吳城、武穴等處，無引無票無照，是為暗販。無論賊卡官卡，到處完釐，是謂抽釐也。

何謂明販收總稅？去年官帥給票與商人和意誠號，本年喬公給標與商人和駿發號，目下余亦給票與和駿發，皆令其在泰州運鹽，在運司納課，用洋船過九洑洲，在於上游售賣。售於湖北者，在安慶收稅，每斤十文半，在武昌收九文半。售於江西者，在安慶每斤收十四文，在吳城收八文。此即謂明販收總稅也。

在清釐財政上，曾國藩雖沒有多少了不起的貢獻，但從他對「釐卡」和「鹽務」的研究，可見他其實很留心財政，且很清楚當時財政的弊端。

4 曾剃頭的由來

「刑亂用重」是中國自古以來流傳的名言。因為在亂世，道德失去維繫社會安定的能力，法律也不再具有約束力，唯有用重刑，才能警惕不法分子，以維持社會安寧。

曾國藩生當亂世，在他還未出來當官時，社會承平日久，上下習於荒嬉，法律也失去它固有的尊嚴。而到他當官之後，社會已經大亂。一般執法者不是失之過寬，便是失之過嚴；而法律不僅無法制亂，反而造亂，所以他便從講立法度上著手。

對於許多擾亂社會安寧的分子，曾國藩主張立即予以嚴厲的有效處分，絕不稍加姑息。他說：

三、四十年來，一種風氣：凡凶頑丑類，概優容而待以不死。自謂寬厚載福，而不知萬事墮壞於冥昧之中，浸潰以釀今日之流寇，豈復可暗弱寬縱，令鼠子蜂起？

三、四十年來，應殺不殺之人，充滿山谷，遂以釀成今日流寇之禍，豈復可姑息優容，養賊作子，重興萌櫱（按：新芽，引申為微小的事物。櫱音同聶）而貽大患乎？

二、三十年來，應辦不辦之案，應殺不殺之人，充塞於郡縣山谷之間。民見夫命案盜案之首犯，皆得逍遙法外，固已藐視王章而弁髦官長矣。及見夫粵匪之橫行，土匪之屢發，乃益囂然不靖，痞棍四出，劫搶風氣，各霸一方，凌藉小民而魚肉之。鄙意以為宜大加懲創，擇其殘害於鄉里者，重則處以斬梟，輕亦立斃杖下。戮其尤凶橫者，而其黨始稍戢，誅其尤害民者，而良民始稍息。但求於孱弱之百姓，少得安恬，即吾身得武健嚴酷之名，或有損於陰騭慈祥之說，亦不敢辭。

所以，**他在長沙設立「審案局」，凡有為非作惡，被人控告或扭解來局者，重則立決，輕則斃之杖下，更輕者鞭之千百。**

因為曾國藩這樣的雷厲風行，而得了「曾剃頭」之號，雖然此舉引發許多人不滿，但嚴厲的法規終於也確立。

以一介書生，擔好殺之名

曾國藩為自己解辯：「世風既薄，人人各挾不靖之志。平居造作謠言，幸四方有事，而欲為亂。稍待之以寬仁，愈囂然自肆，白晝劫掠都市，視官長蔑如也。不治以嚴刑峻法，則鼠子紛起，將來無復措手之處，是以一意殘忍，冀回頹風於萬一。**書生豈解好殺？要以時勢所迫，非是則無以鋤強暴而安我孱弱之民。**」因此，曾國藩雖是一介書生，因時勢所逼，也就不得不擔待「好殺」之名了。

但他的講立法度、刑亂用重是有條件的。他說：「用法從嚴，非漫無條律，一師屠伯之為。要以精微之意，行吾威厲之事，期於死者無怨，生者知警，而後寸心乃安。」換句話說，曾國藩認為**衡法宜公，執法宜慎，絕對不可黑白不分、魯莽行事**。

曾國藩是帶兵的人，他的講立法度之所以具有成效，固然因為他權力大而得可推行，同時也是因他治軍嚴密。**若逃兵逃勇有擾亂民間之事，曾國藩一律格殺勿論，凡是兵勇與百姓交涉，總是伸民氣而抑兵勇。他的軍紀嚴明，因此法令才能施行。**

而在吏治方面，曾國藩雖注意人才，同時也注重法治。他說：「吏治，有常者也，可先立法而後求人。」他了解作育人才的重要性，但也曉得人才終不可久恃，也不可多得，不像法度既立，便能推之四方而無阻，傳之久遠而不滅。

換句話說，**人才有時間性和空間性，而法度則無時間和空間的限制。**曾國藩晚年在吏治方面多立法度，便是這個緣故。

5 開啟留學制度

振興教育，在曾國藩一生的事業中僅占極小部分。因為曾國藩大部分的時間，都用在撲滅太平天國的軍事之上。一直到同治年間內亂平息，他做了封疆大吏，在整飭吏治和清釐財政之餘，才有餘力振興教育。

從事政治的人都知道，大亂之後教育有多麼重要。**因為教育含有感化作用，這種作用不是軍事或政治能辦到的；又因教育是百年大計，社會經大亂之後，更不可缺少這種影響深長的政策。**

曾國藩在同治三年攻破南京，就任兩江總督後，便舉行了一次鄉試，使四方士子來歸，這就看得出他重視教育——雖然那時的「科舉」，和現代所謂的「教育」其實差別很大。

倡議幼童出國學習，為中國留學之始

同治十年七月，**曾國藩和李鴻章倡議派幼童出洋學習**。他們計畫：「擬率員在滬設局，遝訪各省聰穎幼童，每年以三十名為率，四年計一百二十名，分年搭船出洋，在外國肄業十五年後，按年分起，挨次回華。計回華之日，各幼童不過三十歲上下，年力方強，正可及時報效。通計費用，首尾二十年，需銀百十萬兩，然此款不必一時湊撥，分析計之，每年接濟六萬兩，尚不覺其過難。」

後來，由刑部主事陳蘭彬、江蘇同知容閎為監督，管理兒童留學事務。赴美兒童前後共一百五十人，直到光緒年間才停止。

梁啟超在〈政變原因答客難〉中，對曾國藩、李鴻章此種舉動曾有批評：

以教育論之，但教方言以供翻譯，不授政治之科，不修學藝之術，能養人材乎？科舉不變，榮途不外士夫之家，聰穎子弟皆以入學為恥，能得高材乎？如是，則有學堂如無學堂。且也學堂之中，不事德育，不講愛國，故堂中生徒，但染歐西下等人之惡風，不復知有本國，賢者則為洋庸以求衣食，不肖者且為漢奸以傾國基。如是，則有學堂反不如無學堂……然則前此所謂改革者，所謂溫和主義者，其成效固已可睹矣！夫此諸事者，則三十年來名臣曾國藩、文祥、沈葆楨、李鴻章、張之洞之徒，所竭力而始成之者也，然其效乃若此。

曾國藩認為西方各國的富強，乃由於其船堅炮利，西學除了器械外別無他物，因此學西學只要這一點皮毛即可，這是他犯下的錯誤。不過他們派出的學生，後來學成歸國有詹天佑（按：中國首位鐵路總工程師）、嚴復（按：將西方社會學、政治學、政治經濟學、哲學和自然科學翻譯、介紹到中國）等人，對中國的學術研究也有相當貢獻。

在曾國藩那個時代，他能有承認西學存在和派送幼童出洋的見識，足以說是思想開明，即使其中存有錯誤，但他當時提倡教育的熱忱，是不可抹殺的。

6 政治之首：民生

「政治之首要在民生。」曾國藩一向很注重民生問題。他晚年做官時，固然很講求救濟民生，即使是在他少年時做京官，以及中年打仗的時候，也很注意民生的救濟。

他為什麼如此講究救濟民生呢？第一是因為當時天災人禍不斷，民不聊生，**曾國藩目睹人民的艱難困苦，因而竭盡心力為貧民想辦法**。第二是**曾國藩不得已而帶兵，「以殺人為業，擇業已是不慎」，倘若再不竭力救濟民生，他內心過意不去**。

曾國藩救濟民生的方法如下：

一、社倉制

咸豐元年湖南荒凶，曾國藩那時在北京做京官，因關心鄉里貧民，而想到朱熹的社倉制度（按：由富豪或一般民家捐糧，平時儲存於公倉，若遇災時則按災情輕重，以不同利息出借給貧戶或災民），寫信告訴他的幾位弟弟，叫他們在家鄉試辦。

予又思得一法，如朱子「社倉」之制，若能仿而行之，則更為可久。朱子之制，先捐穀數十石，或數百石，貯一公倉內。青黃不接之月，借貸與饑民，冬月取息二分收還（每石加二斗）。若遇小歉，則蠲其息之半（每石加一斗）；大凶年，則全蠲之（借一石，還一石），但取穀耗三升而已。朱子此法，行之福建，其後天下法之，後世效之，今各縣所謂「社倉穀」者是也。其實名存實亡，每遇凶年，小民曾不得借貸粒穀。且並社倉而無之，僅有常平倉穀，前後任尚算交代，小民亦不得過而問焉。蓋事經官吏，則良法美政，後皆歸於子虛烏有。

國藩今欲取社倉之法，而私行之我境。我家先捐穀二十石，附近各富家，亦勸其量為捐穀。於夏月借與貧戶，秋冬月取一分收還（每石加一斗），豐年不增，凶年不減。凡貧戶來借者，須於四月初間，告知經營社倉之人。經管人量穀之多少，分布於各借戶，令每人書券一紙，冬月還穀銷券。如有不還者，同社皆理斥議罰加倍，以後每年我家量力添捐幾石。或有地方爭訟理屈者，罰令量捐社穀少許。每年增加，不過十年，可積至數百石，則我境可無饑民矣。蓋夏月穀價昂貴，秋冬價漸平落，數月之內，一轉移之間，而貧民已大占便宜，受惠無量矣！

二、平糶法

平糶（按：舊時官府於豐收時先買入米糧，遇荒年糧缺價高時，以較低的平價賣出官倉米糧，以平衡物價）有四種：有歉收時，發糶以濟民食；青黃不接時減糶以平市價；穀難久貯，出糶以易新；巡幸所至特舉平糶，在平價與易新之糶，僅用本地穀，不具載。

當歉歲發糶時，有散賑而且兼平糶者；有本地倉儲不足，佐以採買者；有撥用鄰疆倉貯和截留漕糧平糶者。大概災輕發近倉，歉甚，兼行數法。平糶法須先清查戶口，就各村保舉公正殷實董事，或出來減糶，或捐資買米，先期給票，每晨驗票，給糶，各鄉廣為設局，而在局的人員，須得鄉由謹願者方能收效。

三、設粥廠

設粥廠雖然不是救濟民生的根本辦法，但確實不可少。同治初年，安徽、湖北、江西等清軍和太平軍交戰的地方，經過十多年戰爭、數十次的浩劫，人民輾轉流離，困苦不堪。曾國藩說：「兵勇尚有米可食，皖南百姓則皆人食人肉矣。自三月一日起設粥廠七處，以救饑民，大約每廠可活三千人，不無小補。」（〈致澄弟・同治元年三月四日〉）其後災情重大的地方都廣為設置，一直到太平軍撲滅後，地方元氣恢復才停止。

曾國藩救濟民生的方法，因為找不到確切證據，不敢斷定他有無做出成績，以及若是有成效的話，效果究竟如何。不過，曾國藩雖居大位，仍關懷民間疾苦，這一點是可以斷言的。

7 擴充器械製造產業，規畫軍工廠

當大亂之後，軍事時期告終，最重要的事莫過於「厲行建設」。**曾國藩在建設事業上的最大貢獻，便是努力擴充製造產業。**

外國人所造輪船，曾國藩本來不太看重。因為他認為打仗之道，人力比器力還重要。他的湘軍便是靠拚命苦幹，而不借助於器械。但事實告訴他，輪船確實具有驚人的能力。

外國人駕一艘小軍艦，從上海到漢口，經過清軍和太平軍的防地，路途中竟毫無阻擋。後來清軍借助輪船，先是運送淮軍自安慶出發，穿過太平軍防地而抵達上海，以及利用內河小輪船進攻蘇州一帶。這幾次經驗，讓曾國藩下定創設製造產業的決心。

推動設立晚清最大軍工廠——江南製造局

同治二年，曾國藩駐軍安慶，便設局試造洋器。該局以漢人為主，並未用外國人，造成「黃鵠」號小輪船不得其法，因此行駛的速度很慢。於是，曾國藩便在同治二年冬天，派候補同知容閎到美國購買機器。

同治四年五月，曾國藩在上海買到機器一座，委派知府馮俊光、沈保靖等人在虹口開鐵廠，容閎購運機器抵達後，便併為一局，後來由李鴻章繼任，同治四年於上海創立江南機器製造總局（按：簡稱江南製造局、江南製造總局或上海機器局，是清代洋務運動中成立的近代軍事工業生產機構，為晚清中國最重要的軍工廠。今江南造船集團的前身，一九〇五年自江南製造局中劃分而出）。

同治六年夏天，在高昌廟購地十七餘畝，作為製造總局的廠址，同治七年後擴充到兩百多畝，當時各廠有汽爐、機器、熟鐵、洋槍、木工、鑄銅鐵等。〈製造局記〉：「同治四年創辦之初，廠中機器，均未完備，先就原有機器推廣。造成大小機器三十餘座，用以鑄造槍炮炸彈。六年造輪船『恬吉』號。」

治理黃河與運河

曾國藩對於修河道，也十分注意。他認為黃河和運河水患的原因，如下所述：

黃河初次經微湖之渙滌，自當稍清，若灌湖既久，則湖波不足以資刷滌，恐全黃入運，運道不免受其淤。

自微湖以至清河，運道五六百里，上流為黃河所經，則慮其淤塞，下流為所不經，則慮其斷流。

啟上游峰山、符祥、五端等閘，灌入洪湖。於是全湖之底，北常高而南常窪，至前年啟放吳堡，而湘底之北邊愈高，惟北底苦高，故水少，則道有淤塞之患。惟南面若窪，故風大則石堤有掣損之患。（《曾國藩名言類鈔》）

治運河是兩江總督的責任，治黃河是直隸總督的責任。曾國藩做了兩次兩江總督、一次直隸總督，因此他很積極於治理運河與黃河。他的方法是：

一、注重人才。**治河的人才最難得，沒有本領的人不能勝任，有本領而不廉潔的人**

更不行。因為中國治河黑幕重重，許多人都以此為發財機會，時有偷工減料之舉，可是一旦決口，便是大範圍土地的淹沒。因此，曾國藩極注重治河的人選。

二、注意方法。黃河和運河有連帶關係。當黃河、運河氾濫時，江蘇北邊、安徽北邊及山東等位於黃河下游、洪湖流域和淮水運河間的地方，都是受害區域。而曾國藩的治水方法有三：「修六壩以洩全湖之暴漲；挑引河直挖浚湖之北底，以疏引湖入運之路；復王營減壩，以掣低黃河之面。」

第十章

帶兵，要像父母帶孩子

1 文人帶兵，要懂馭將之法

曾國藩以文人之姿帶兵，居然能擊敗太平天國，許多人都認為很稀奇。其實，只要看他的治兵方略，便知道他對於當時的軍事學已有相當精密的研究，遠非一般愚勇武將可比。

中國人稱文人帶兵，或武將而兼懂文事者為「儒將」。**曾國藩堪稱儒將典範，他不只和其他儒將一樣懂得作戰的技巧，還有馭將的本領**。太平天國著名武將石達開稱：「曾國藩雖不以善戰名，而能識拔賢將，規畫精嚴，無間可尋，大帥如此，實起事以來所未見。」這幾句話，可以算是知己之言。

曾國藩有四個識拔將才的標準，他認為：

帶兵之人：第一，要才堪治民；第二，要不怕死；第三，要不急於名利；第

四，要耐受辛苦。治民之才，不外公、明、勤三字。不公、不明則兵不悅服；不勤，則營務細鉅皆廢弛不治，故第一要務在此。不怕死，則臨陣當先，士卒乃可致命，故次之。為名利而出者，保舉稍遲則怨，稍不如意則怨，與同輩爭薪水，與士卒爭毫釐，故又次之。身體羸弱者，過勞則病；精神乏短者，久用則散；故又次之，四者似過於求備，而苟闕其一，則萬不可帶兵。故弟嘗謂：「帶兵須智深勇沉之士，文經武緯之才。」

選將標準嚴格，但也不須毫無缺點

曾國藩訂定的將才標準很嚴格，因此他深感將才不易多得。他說：

凡將才有四大端：一曰、知人善任；二曰、善覘敵情；三曰、臨陣膽識；四曰、營務整齊。吾所見諸將，於三者略得梗概；至於善覘敵情，則絕無其人。古之覘敵者，不特知賊首之性情伎倆，而並知某賊與某賊不和，某賊與偽主不協；今則不見此等好手矣！即以此四大端，察同僚及麾下之人才，第一第二端，不可求之於弁目散勇中；第三第四端，則末弁中亦未始無材也。

曾國藩知道將才難得，因此選用時便竭力降格以求；而在訓練方面，便是講求培植之道。

如何看出他降格選將呢？有人曾問他選將之法，曾國藩回答：「要以衡才不拘一格，論事不求苛細；無因寸朽而棄連抱，無施數罟以失巨鱗。」古人認為將領要有諸多長項，而不得有一缺點，曾國藩對此表示深切的懷疑。

至於曾國藩訓練將才的方法，不外乎用書信或言語，告訴他們如何治兵。此外，還特別注重將帥的操守。**曾國藩認為早起是將領的天職**。所以他說：「未有主帥晏（按：晚起），而將弁能早者也；猶之一家之中，未有家長晏，而子弟能早者也。」因此他總不怕麻煩、殷勤勸告，而使將士願意效命於他。

論功則推以讓人，任勞則引為己責

曾國藩馭將，有兩個簡單卻很難做到的方法。第一是「論功則推以讓人」，第二是

「任勞則引為己責」。

軍中最忌諱將士爭功，內部不和。倘若將士不和，則遇敵往往戰敗收場。曾國藩知道這個道理，加上他自己胸襟廣闊，不太看重名利，一切戰功都讓給將士。而將士見主帥如此謙讓，自然也不好意思互相爭功，盛德所感，大家都願效死力。

曾國藩將安慶克復，推功於胡林翼的籌謀、多隆阿的苦戰；金陵克復，推功於僧格林沁、李鴻章、左宗棠等人，自己則說不及他們的十分之一。曾國藩的謙讓，讓將士都樂於為他效命。

此外，軍中也忌諱見事推諉，畏難不進。對於艱鉅的工作，曾國藩屢屢身先士卒，將士見主帥如此，也只得遇事爭先，自然形成一時的風氣。湘軍將領能忍苦負重，一半是天性使然，一半則是曾國藩馭將得法。

曾國藩馭將的天才，是知人善任。他能看出某人的才略，給他稱職的工作。例如他深知塔齊布、羅澤南的忠勇，便派他們當先鋒、打頭陣；他也知道左宗棠、李鴻章有獨當一面之才，所以命左宗棠平浙江、李鴻章平江蘇。不埋沒將士之才，並能用其所長，是馭將的不二法門。

曾國藩除善於用將之外，還懂得怎樣「恤將」。他絕不擺出元帥的架子，置將士的困難於不顧。只要將士來謁，曾國藩必定馬上接見，殷勤慰問。如果將士有難以處理的事情，或難言的隱情，他也必定詳細詢問，並代為計畫。有這樣能設身處地為將領解決困難的元帥，才有奮不顧身誓死相報的將士。何況「別後則馳書告誡，有師弟督課之風，有父兄期望之意」，無怪乎「非常之士，與自好之徒，皆樂為之用」。

2 軍中有歡欣之象，必敗

在太平天國起事以前，清綠營旗兵已腐敗不堪，因此新興勢力太平軍得以無敵。

曾國藩曾感慨的說：「今日之兵，極可傷恨者，在『敗不相救』四字。彼營出隊，此營張目而旁觀，哆口而微笑。見其勝則深妒之，恐其得賞銀，恐其獲保奏；見其敗則袖手不顧，雖全軍覆沒，亦無一人出面援手，拯救於生死呼吸之頃者，以僕所聞，在在皆然。」所以他創立湘軍，便要掃除這種頹喪風氣，建立起嚴肅的軍紀。

曾國藩治兵的方法，第一是勤勞，第二是仁愛，第三是嚴肅。戰爭是一件勞苦的事，有時在冰天雪地中奔馳，有時在盛暑烈日下作戰，有時在雨雪中露營，有時清晨深宵行軍，倘若不是精神體力訓練有素的人，很難撐得下去。所以治兵要訣，習勞忍苦便是重點。

曾國藩深刻了解這個道理，他說：

治軍之道，以勤字為先，身勤則強，逸則病；家勤則興，懶則衰；國勤則治，怠則亂；軍勤則勝，惰則敗。惰者，暮氣也，常常提其朝氣為要。（〈己未二月日記〉）

治軍以勤字為先，由閱歷知其不可易。未有平日不早起，而臨敵忽能早起者；未有平日不習勞，而臨敵忽能習勞者，未有平日不能忍饑耐寒，而臨敵忽能忍饑耐寒者。吾輩當共習勤勞，始之以愧厲，繼之以痛懲。

曾國藩便根據上述的話，以訓導和警誡之法，確立湘軍耐勞吃苦的作風，為全國所景從。

感情的力量，比威嚴更強大

軍人以軍營為第二家庭，家長對孩子充滿仁愛，所以長官對士兵也應該以仁愛相待。因為感情的力量，比威嚴還要有力。曾國藩帶兵很注重仁愛，他認為：

帶兵之道，用恩莫如用仁，用威莫如用禮。仁者，所謂欲立立人、欲達達人是也。待弁兵如待子弟之心，常望其發達，望其成立，則人知恩矣。禮者，所謂無眾寡、無大小，無敢慢泰而不驕也。正其衣冠，尊其瞻視，儼然人望而畏之，威而不猛也。持之以敬，臨之以莊，無形無聲之際，常有凜然難犯之象，則人知威矣。守斯二者，雖蠻貊之邦行矣，何兵之不可治哉？（〈己未八月三日日記〉）

他又說：

吾輩帶兵，如父兄之帶子弟一般。無銀錢，無保舉，尚是小事，切不可使之因擾民而壞品行，因嫖賭、洋煙而壞身體。個個學好，人人成材，則兵勇感恩，兵勇之父母亦感恩矣！

帶兵像父母帶孩子，是最貼切的治兵要略。將帥對兵士如同父母對孩子，兵士對將帥一定也會像孩子對待父母，這是毫無疑問的。

驕氣，是覆敗之兆

至於「嚴肅」是什麼呢？就是曾國藩所謂的「哀兵」。他認為若軍中有歡欣之象，就容易失敗：

兵者，陰事也，哀戚之意，如臨親喪；肅敬之心，如承大祭，庶為近之。今以羊牛犬豕而就屠烹，仁者將有所不忍，況以人命為浪博輕擲之物，哀矜之不遑，喜於何有？故軍中不宜有歡欣之象；有歡欣之象者，無論或為和悅，或為驕盈，終歸於敗而已矣！田單之在即墨，將軍有死之心，士卒無生之氣，此所以破燕也。及其攻狄也，黃金橫帶，而騁乎淄澠之間，有生之樂，無死之心，魯仲連策其必不勝。兵事之宜慘戚，不宜歡欣，亦明矣！

此外，曾國藩講求「嚴肅」，實際上還包含了紀律。曾國藩認為兵有驕氣是覆敗之兆，所以**賢明的長官，應該時時察看軍隊有無驕氣，以謀取補救**。

當時，民間謠言說清軍的紀律沒有太平軍好，他聽到這個說法，深恐民心一去無法挽回，於是便想把湘軍練成秋毫無犯，反覆申明要他們切勿干擾百姓。此外，又不許士卒閒言閒語，以免發生爭端，而肅軍紀。他認為注意紀律，應該從日用眠食上下手，尤其要腳踏實地才能見效。

曾國藩對部下雖講仁愛，但絕不放縱姑息。他認為：「凡善將兵者，日日申誡將領，訓練士卒，遇有戰陣小挫，則於其將領，責之戒之，甚者或殺之，或且泣且教，終日絮聒不休，正所以愛其部曲，保其本營之門面聲名也。不善將兵者，不責本營之將弁，而妒他軍之勝，己不求部下之自強，而但恭維上司，應酬朋友，以要求名譽，則計更左矣！」

由上述可知，曾國藩治兵的要訣在於「恩威並濟」。

3 戰術講究謹慎，絕不用險招

曾國藩雖不能親臨前敵，自己打仗，但他對戰略、戰術皆有深刻的研究。他能指揮他的將士，依照他的戰略、戰術打贏敵軍。以下略述他的戰略與戰術。

他在軍營中，曾如此告誡他的將領：「寧可數月不開一仗，不可開仗而毫無安排計算。」**曾國藩雖然講究戰術，卻不願意用奇蹈險。他的行軍特點，便是「穩」字。**穩就是謹慎，從以下《曾胡治兵語錄》中的敘述，便可看出他行軍謹慎的情形。

大抵平日非至穩之兵，必不可輕用險著；平日非至正之道，必不可輕用奇謀。然則穩也，正也，人事之力行於平日者也，險也，奇也，天機之湊泊於臨時者也。

賊初來之日，不必出隊與戰，但在營內靜看，看其強弱虛實。看得千準萬準，可打則出營打仗；不可打則始終堅守營盤，或有幾分把握。

凡用兵之道，本強而故示敵以弱者，多勝；本弱而故示敵以強者，多敗。敵加於我，審量而後應之者，多勝；漫無審量，輕以兵加於敵者，反敗。

作戰主客說

曾國藩又從這種謹慎的戰略，推導出主客之說。他說**作戰時守者為主，攻者為客；主逸而客勞，主勝而客敗**。尤其是攻擊堅城，更須小心警戒。根據蔡松坡（按：即蔡鍔，清末民初軍事家）的說法，曾國藩不主攻堅城的策略，和普法戰爭（按：普魯士王國與法蘭西第二帝國之間爆發的戰爭，時間為一八七〇年七月至一八七一年一月，最終普魯士王國獲勝，建立統一的德意志帝國）時法國軍事學家的主張相同。

關於主客之說，曾國藩這麼說明：

凡用兵主客奇正，夫人而能言之，未必果能知之也。守城者為主，攻者為客，守營壘者為主，攻者為客；中途相遇先至戰地者為主，後至者為客；兩軍相

> 持，先吶喊放槍為客，後吶喊放槍為主；兩人持矛相格鬥，先動手戳第一下者為客，後動手即格開而即戳者為主。（〈己未日記〉）
>
> 凡出隊，有宜速者，有宜遲者。宜速者，我去尋敵，先發制人者也。宜遲者，賊來尋我，以主待客者也。主氣常靜，客氣常動；客氣先盛而後衰，主氣先老而後壯。故善用兵者，最喜為主，不喜作客。或我尋賊去先發制人，或賊尋我以主待客，總須審定乃行，切不可於兩層一無所見，貿然一出也。（《曾胡治兵語錄》）

曾國藩這番說法看似神祕，其實便是現代戰爭學所謂的「攻擊戰」和「防禦戰」。**曾國藩又主張戰爭是主動的，而不是被動。作戰與否，全憑自己決定，而不受旁軍支配**，所以他說：「進兵須由自己作主，不可因他人之言，而受其牽制。非特進兵為然，即尋常出隊開仗，亦不可受人牽制。應戰時，雖他營不顧，而我營亦必接戰；不應戰時，雖他營催促，我亦且持重不進。若彼此皆牽率出隊，視用兵為應酬之文，則不復能出奇制勝矣。」

此外，**曾國藩打仗還講究專心，不能心有旁騖**：「主守則專守，主戰則專戰，主城則專修城，主壘則專修壘，初不可腳踏兩邊橋，臨時張惶也。」

博採眾人意見，討論作戰方案

曾國藩對於紮營也很有研究。他認為行軍「以水泉甘潔為最難得之境，其無活水清泉之處，不可駐兵」。曾國藩又認為「紮營宜深溝高壘，雖僅一宿，亦須為堅不可拔之計」，行軍上任何事都不可馬虎。

「紮營不可離城太近，寧先遠而漸移向近，不可先近而後退向遠。」因為離城太近，難以防備敵人偷襲和奸細，而紮營後撤又會使士氣減弱。

至於紮營的物質條件，曾國藩也研究得很詳細：「築牆須八尺高、三尺厚，濠溝須八尺寬、六尺深。牆內有內壕一道，牆外有外壕二道或三道。壕內須密釘竹簽。」

在戰術上，曾國藩主張因地制宜：

打仗之道，在圍城之外，節太短，勢太促，無埋伏，無變化，只有隊伍整齊，站得堅穩而已。欲臨機應變，出奇制勝，必須離城甚遠，乃可隨時制宜。凡平原曠野開仗，與深山窮谷開仗，其道迥別。去城四十里，凡援賊可來之路，須令哨長隊長，輪流前往該處看明地勢；小徑小溪，一丘一窪，細細看明；各令詳述於弟之前，或令繪圖呈上。萬一有出隊迎戰之時，則各哨隊皆已了然於心。

由此可見，曾國藩也十分留心軍事情報和偵察。

此外，曾國藩用兵還有個很好的制度，便是「**博採詳明**」。「師行所至之處，必須多思多問，思之於人，問之於人，皆好謀之實績也。昔璞山（按：即王鑫）帶兵，有名將風，每與敵遇，將接仗之前一夕，傳各營官點集，與之暢論敵情地勢。袖中出地圖十餘張，每人分給一張，令諸將各抒所見。如何進兵，如何分支，某營埋伏，某營並不接仗，待事畢後專派追剿。諸將一一說畢，璞山乃將自己主意說出，每人發一傳單，一議定之主意也。次日戰罷，有與初議不符者，雖有功亦必加罰。其平日無事，每三日必傳各營官熟論戰守之法。」這個說法，**與近代戰術在下總攻擊令之前，必定先開軍事會議、討論作戰計畫的方法相似。**

4 創立水陸軍制

曾國藩創立的軍制其實很簡單，可就陸軍、水軍兩方面來說：

一、陸軍

以營為戰鬥單位，三百六十人為一營，加以長夫一百四十人，合計為五百人。後來，每營長夫擴充至一百八十人。

每營四哨，營置營官；每哨八隊，哨有哨長，加上火器二隊，合計每哨十隊。親兵一哨六隊，火器、刀矛各半。營官之下設有幫辦，輔助營官辦理營務。十二營以上，設提調負責指揮、調度。特設鄉導（按：引路之人），別立偵探（按：探查敵方政治、軍事、經濟等各種情報的人）。所有單位各有專職，聯合時則為一氣。

二、**水軍**

水師分十營，五營為主力軍，五營為輔助軍。前營有兩營，正前營正紅旗，副前營鑲紅旗，左營兩營、右營兩營、後營兩營、中營兩營，每營五百人，每營設營官一人、幫辦一人。

每營分快蟹船四艘（槳工二十八人、櫓八人）、長龍船十二艘（槳工十六人、櫓四人）。快蟹船每艘配四十多人，長龍船每艘配二十多人，舢板船每艘配十多人。每艘船用炮手幾人，另置艙長一名、頭工兩名、柁工一名、副舵兩名。

至於行營組織則設立八所，分別為文案所、內銀錢所、外銀錢所、軍械所、火器所、偵探所、發審所、採編所，治理一切事務。以上是曾國藩手定軍制的大略。

5 辦理團練的作用

一開始，曾國藩先辦理團練，後來才訓練湘軍。湘軍是撲滅太平天國的主力，而團練是為維持地方治安。所以曾國藩辦理團練，也是他治兵方略的一種。

曾國藩說：「遠賊必有近窩，清查戶口，團練保甲，此為治盜第一要法。現在團練之道，以本處不容留匪人為第一要務。本境既清，然後練丁習藝，以備鄰境之土匪。處處如此，則匪徒自無駐足之區。」（〈批嘉禾縣〉）由此看來，**團練的作用有二：消極面是清查地方，積極面則是防禦外侮**。

曾國藩認為團練應該分開來看：「團練兩字宜分看，團即保甲之法，清查戶口，不許容留匪人，一言盡矣。練則制械選丁，請師造旗，為費較多。」（〈批江華縣〉）

團練有擾民的害處，因此團、練兩事必須分開。換句話說，**團是絕對必要，練則是看情形而定，並非一定需要**。所以曾國藩說：

民所以不樂從團練之說者，以其斂費或多，經手者有侵奪之弊，徒傷財而乏實效耳。但用其人，不費其財，則貧富畢樂於從事，可期漸收實效。（〈批常德府〉）

現在辦團練，重在團不重在練。蓋練則制旗幟、造器械、請教師、養丁壯，為費較多，團則合志齊心，以一方之正人，治一方之匪類，雖不能大有利益，而匪類淨則地方肅清，而人得安生矣。（〈批寧鄉縣〉）

軍隊和團練各有功用，不可相互取代

因此，曾國藩規定「團」為普遍施行的方法，而「練」為特殊的設施。他和父老紳庶定議曰：「團則遍地皆行，練則擇地而辦。」又與州縣有司定議曰：「鄉間團而不練，城廂練而不多——蓋鄉間非不練也，擇董事之賢者，而後照辦，庶幾有利而無弊。城廂若無一練丁，則一夫倡亂，倉皇夜呼，遂有焚署劫獄之案，近日往往如此。但有練丁四五十人，火藥器械齊備，即足以彈壓一切鼠輩，無敢跳擲妄為也。輕騎下鄉，親行督率，總以嚴查戶口為第一要務。其操練一層，則擇人而後為之，不必圖普遍施行之名，反致浮滑者藉端擾累。」這正是曾國藩辦理團練所得的實際經驗。

團練屬於治兵方略的一種，因為平亂只有團練而沒有軍隊並不足夠。同時，只有軍隊而沒有團練，也是不夠。換句話說，**軍隊和團練各有各的功用，不能以團練代替軍隊的功用，軍隊也不能完全代替團練的功用，他們是互相依賴，缺一不可，所以必須同時並舉**。

大股匪眾須以軍隊剿辦，不可用團練馳逐，反而會增長敵人的聲勢。但是，團練在平亂上也有其特殊任務，不可忽略。

曾國藩所主張的團練制度，把它分析起來，實在包括有「團練」、「保甲」、「碉堡」三事。「保甲」是鄉村的嚴密組織，求其便於清查戶口，實行連坐，使人民自行清除內奸，與匪類造成對抗的形勢。「碉堡」是鄉村的一種防守工具，求其便於堅壁清野，避免掠奪。「團練」是地方人民自衛的武力組織，求其便於剿辦境內武裝的小股土匪。三項須同時並舉，乃能完成人民的自衛能力，對境外可以相當防守，對境內可以徹底清鄉。（《胡曾左平亂要旨》）

6 重用地方仕紳

在傳統中國社會中，仕紳是一個地方的中心勢力（其實也不僅中國如此）。在軍事時期，尤其在剿辦流寇之時，重用仕紳會產生極大幫助。因為地方仕紳，對於該地的風土民情，必定比遠來的軍隊更為熟悉。軍隊或政府若能將仕紳延為己用，毫無疑問能增加戰事的功效。

所以，曾國藩認為**在軍事時期，應廣為延攬地方公廉正直的仕紳，以誠心接待，使之成為辦理團練的幫助**。所謂「用一方之良，鋤一方之莠」，倘若給他們相當的權力，必定可以獲得效果。

仕紳的功用在於「保甲」，也就是清查戶口，以搜查匪類。曾國藩曾說：

保甲之法，不經書役之手，必須責成紳耆辦理，當切實商訪紳耆中之公正而

肯任事者，令其認真舉行一二處，行之有效，則他處皆取則矣！（〈批安福縣〉）

此時急務，莫先於查拿匪人，以安善良。匪人難於訪求確實，不得不聯絡紳者，借廣耳目。該縣務宜周諮公正紳耆，縱有偶受欺蔽之時，而受益處究多也。（〈批湘陰縣〉）

但對待仕紳，也要有相當的方法，否則仕紳不肯幫忙，反而可能為害。所以曾國藩說：「訪問紳耆，亦須優以禮貌，給以薪水，又恐有仇扳袒庇等弊，尚須定一章程，出一告示。」

此外，**帶兵的人自己也要先做榜樣**，所謂「以廉律己，以勤律己，以勤治事，以公處人，此三者闕一不可。而欲求紳民之欽服，尤在取與之際一絲不苟」。

主張以禮對待仕紳的理由，曾國藩說得很清楚：「用紳士不比用官。彼本無任事之責，又有避嫌之念，誰肯挺身出力以急公者？貴在奬之以好言，優之以廩給。見一善者，則痛譽之；見一不善者，則渾藏而不露一字。久久，善者勸，而不善者，亦潛移而默化矣！」

即使有所求，也不縱容姑息

但他也不因對仕紳有所求，而縱容姑息他們，他會嚴加責督仕紳。「勸誡紳士四條」可以作為他這種態度的證明。勸誡紳士四條如下：

一曰保愚懦（按：指愚者、弱者等弱勢之人）以庇鄉。

軍興以來，各縣皆有紳局；或籌辦團練，或支應官軍，大抵皆斂錢以集事，或酌量捐資，或按畝派費。名為均分勻派，實則高下參差，在局之紳者少出，不在局之愚懦多出。與局紳有聲氣者少出，與局紳無瓜葛者多出。與局紳有夙怨者，不但勒派多出，而且嚴催凌辱，是亦未嘗不害民也。欲選紳士，以能保本鄉**愚懦者為上等，能保愚懦，雖虧職亦尚可恕；凌虐愚懦，雖巨紳亦屬可誅。**

二曰崇廉讓以奉公。

凡有公局，即有專管銀錢之權，又有勞績保舉之望。同列之人，或爭利權而相怨，或爭保舉而相軋，此不廉也。始則求縣官之一札，以為榮，繼則大柄下移，毫無忌憚。衙門食用之需，仰給紳士之手，擅作威福，藐視長官，此不遜也。今特申戒各屬紳士，以敬畏官長為第一義。財利之權，歸之於官，賞罰之柄，操之自上。即同列眾紳，亦互相推讓，不爭權勢。紳士能潔己而奉公，則庶民皆尊君而親上矣。

三曰禁大言以務實。

以諸葛之智勇，不能克魏之一城，以范韓之經綸，不能制夏之一隅，是知兵事之成敗利鈍，皆天也，非人之所能為也。近年書生侈口談兵，動輒曰克城若干，拓地若干。此大言也。孔子曰：「攻其惡，無攻人之惡。」近年書生，多好收人之短，輕詆古賢，苛責時彥，此亦大言也。好談兵事者，其閱歷必淺；好攻人短者，其自修必疏。今與諸君子約，**為務實之學，請自禁大言始；欲禁大言，請自不輕論兵始，自不道人短始**。

四曰擴才識以待用。

天下無現成之人才，亦無生知之卓識，大抵皆由勉強磨鍊而出耳。《淮南子》曰：「功可強成，名可強立。」董子曰：「強勉學問，則聞見博見；強勉行道，則德日起。」《中庸》所謂：「人一己百，人十己千。」即勉強工夫也。令士人皆思見用於世，而乏用世之具，誠能考信於載籍，聞途於已經，苦思以求其

通，躬行以試其效。勉之又勉，則識可漸進，才心漸充。才識足以濟世，何患世莫己知哉？（《雜著》）

由此可見曾國藩對仕紳採取的手段為恩威並施。曾國藩善用地方仕紳，仕紳也樂為之用，所以他事業的成功，有一部分是仕紳幫助而來。

7 好漢打脱牙，和血吞

不論治軍、治政或立身為學，曾國藩都有種常人難以企及的精神。這種精神就是「吃硬」。

當曾國藩既已決定某個主張，且認為這就是正確的，無論環境如何惡劣、前途多麼困難，他絕對會勇往直前、不避艱苦，拚命的做，從死路中求生路。換句話說，就是「實幹精神」。

細看曾國藩自從咸豐三年帶兵起，到打下安慶為止，這段時間幾乎可說是時時刻刻都處在艱難困苦之中。但他能從奮鬥中求出路，終於獲得最後的成功。

曾國藩有句名言，叫做「**好漢打脱牙，和血吞**」。他說：

困心橫慮，正是磨鍊英雄，玉汝於成。李申夫嘗謂余慪氣從不說出，一味忍耐，徐圖自強。因引諺曰：「好漢打脫牙，和血吞。」此二語，是余生平咬牙立志之訣。余庚戌、辛亥間，為京師權責所唾罵；癸丑、甲寅，為長沙所唾罵；乙卯、丙辰，為江西所唾罵；以及岳州之敗、靖港之敗、湖口之敗，蓋打脫牙之時多矣，無一次不和血吞之。（〈致沅弟．同治五年十二月十八日〉）

從以上文字可以看出，曾國藩成功的祕訣便是「苦幹實幹」。凡是「埋著頭苦幹，吃著虧不說」的人，都受到曾國藩讚賞。

只說不做，最要不得

他也常常以實幹精神，與他的弟弟們相勉：

來信每怪運氣不好，便不似好漢聲口；惟有一字不說，咬定牙根，徐圖自強而已。

申甫所謂「好漢打脫牙，和血吞」；星岡公所謂「有福之人善退財」，真處

逆境之良法也。（〈致沅弟·同治六年正月初三日〉）

所謂「實幹精神」，**不僅在得意時埋頭苦幹，失意時更是絕不能灰心**。有次，曾國藩的弟弟曾國荃連吃兩次大敗仗，曾國藩寫信安慰他：

> 袁了凡所謂「從前種種譬如昨日死，從後種種譬如今日生」。另起爐灶，重開世界，安知此兩番之大敗，非天之磨鍊英雄，使弟大有長進乎？諺云：「吃一塹，長一智。」吾生平長進，全在受挫辱之時。務須咬牙勵志，蓄其氣而長其智，切不可苶然自餒也。

而曾國荃聽了哥哥的話，後來果然有所成就。由此可見，不灰心是一切事業成功的基礎。

曾國藩認為，**只說不做的人最要不得，所以在他的軍隊中，不用喜歡說話的人成為一種風氣**。因為只說不做，違背實幹主義的原則。不重宣傳的曾國藩認為，**惟天下的至拙，可以破天下的至巧**。凡是自己認定拙樸的人，才能夠厲行實幹主義。

也許有人懷疑，曾國藩明明是個文弱書生，為什麼能有實幹精神？這種精神，似乎是武夫才具備的。其實這種說法完全錯誤。曾國藩生長在湖南鄉間，湖南的民族性便是以強悍著稱。他又是讀書人，看過歷史上許多人物明明具備成功的一切條件，只缺少實幹精神，導致最終歸於失敗，曾國藩為此感到相當惋惜。

孟子有一句名言：「天將降大任於是人也，必先苦其心志，勞其筋骨，餓其體膚……。」曾國藩懂得這道理，因此他雖遭遇重大打擊，而能不灰心、再接再厲，終於獲得成功。

第十一章

讀書與寫字的妙用

1 讀書法：有恆心、不勉強、做筆記

曾國藩不只是軍事家、政治家、倫理家，他還是個文學家。曾國藩其實是很有文學修養的，只因他的事業成就太大，往往蓋過他的文學修養。

曾國藩讀書，可分為三方面：**第一是喜歡讀書，第二是懂得讀書的方法，第三是勸人讀書。**

曾國藩在咸豐二年以前，在北京做京官便養成讀書的習慣。他在翰林院的幾年時間，做的是研究工作，因為當時職務比較清閒，他就有比較多自己讀書的時間。而他所往來的朋友，也都很講究讀書，那時京師的讀書風氣很濃厚。

當時，曾國藩有一段讀書的故事：他因為屢次考試都考不上，在京師住得氣悶，便應朋友邀約到江南遊玩。在路上因為缺旅費，向朋友易作梅借了百金，路過南京時卻把這筆錢全拿去買書。錢不夠，又把一些衣服拿去典當，以補足差額。由此可看出他對讀書有多大的興趣。

一生事業，奠基於京官讀書生活

倘若把咸豐三年至同治三年，這十二年撲滅太平天國的軍事時期，當作曾國藩一生的根本事業，則他在北京六年的京官生活，可說是他根本事業的預備時期。

曾國藩身為從沒帶過兵的書生，當身負重任時，居然很懂得如何用兵。這固然是他平日隨處留心的結果，但大半都是從書本上得來的知識。

後來他辦理軍事，雖然軍書傍午（按：指軍事繁忙），環境不安，仍不忘記讀書。他寄信給他的兒子紀澤：「余在軍中，不廢學問，讀書寫字，未甚間斷，年老眼矇，無甚長進。爾今未弱冠，一刻千金，切不可浪擲光陰。」又說：「余性喜讀書，每日仍看數十頁，亦不免拋荒軍務，然非此則更無以自怡也。」曾國藩讀書已成為改不掉的習慣，且再無其他消遣了。

這種習慣直到曾國藩年老、做了兩江總督，仍沒有改變。同治十年，曾國藩已經六十一歲，且右眼已經失明，許多人都勸他該靜養享福，但他仍舊讀書不息，絕不虛度光陰。

一般人把讀書當作博取利祿的工具，但**曾國藩認為讀書真正的目的是求知識、求學問、滿足求知欲**。所以，他這樣告訴他的弟弟們：

年過二十，總以看書為主。我邑惟彭薄墅先生看書極多，自後無一人講究者，大抵為考試文章所誤。殊不知看書與考試，全不相礙；彼不看書者，亦仍不利考如故也。我家諸弟，此時無論考試之利不利，無論文章之工不工，總以看書為急務。不然，則年歲日長，科名無成，學問亦無一可靠。（〈稟父母・道光二十四年九月十九日〉）

讀書隨時做筆記，進步最快

至於曾國藩的讀書方法有三個重點，**第一是有恆，第二是不勉強，第三是做箚記**。

他說：「學問之道無窮，而總以『有恆』為主。兄往年極無恆，近年略好，而猶未純熟。自七月初一起，至今則無一日間斷，每日臨帖百字，抄書百字，看書少亦須滿二十頁。多則不論。雖極忙，亦須了本日功課。不以昨日耽擱而今日補做，不以明日有事而今日預做。」（〈致澄弟溫弟沅弟季弟・道光二十四年十一月二十一日〉）

他主張讀書要實事求是，不貪懶取巧。他說：「無論何書，總須從首至尾，通看一遍；不然，亂翻幾頁，摘抄幾篇，而此書之大局精處，茫然不知也。」

曾國藩不主張強記，與現代教育方法頗有相似之處。「凡讀書有難解者，不必遽求甚解；有一字不能記者，不必苦求強記。只須從容涵泳，今日看幾篇，明日看幾篇，久久自然有益。」這是他讀書的原則。

至於看書「做箚記」，更是曾國藩求學的不二法門。後世學者如胡適，認為做箚記是很重要的一種方法，其實曾國藩早已這麼做了。他認為讀書應「略作箚記，以志所得，以著所疑」。此外，曾國藩認為天下的書籍浩如瀚海，所以看書必須慎擇。

陳果夫（按：民國時期政治人物）如此評論曾國藩的讀書方法：「**讀書如能隨時做筆記，則進步最快。曾國藩是一位不甚聰明的人，但他一生的好處在有恆，耐心、做筆記**，所以後來也有相當成就。」

2 勤寫字，練忍耐

對於寫字這件事，曾國藩很講究。他說：

作字大約握筆宜高，能握於管頂者為上，握至管頂之下寸許者次之，握至毫心上寸許者亦尚可習，若握近毫根，則雖寫好字，亦不久必退；且斷不能寫好字。吾驗之己身，驗於朋友，皆歷歷可徵。

作字，須講究墨色。古來書家，無不善使墨者，能令一種神光活色浮於紙上，固由臨池之勤，染翰之多所致。亦緣於墨之新舊濃淡，用墨之輕重疾徐，皆有精意運乎其間，故能使光氣常新也。（〈諭紀澤．咸豐八年八月二十日〉）

關於寫字，曾國藩自述：「余在三十以前，作字未能盡心，間架不穩，手腕不穩，四十以後，雖略有長進，而手腕時靈時鈍。鈍時則如古人所謂『薑芽凍痴蠅』者，可自笑也！」

至於寫字的宗法，曾國藩則說：「作字之道，剛健、婀娜二者缺一不可；余既奉歐陽率更（按：歐陽詢，唐代四大書法家之一，以其楷書聞名）、李北海（按：李邕，唐代書法家，擅長以行楷寫碑）、黃山谷（按：黃庭堅，擅長行書、草書，與蘇軾、米芾、蔡襄並稱「宋四家」）三家，以為剛健之宗，又當參以褚河南、董思白婀娜之致，庶為成體之書。」

曾國藩認為寫字有一種妙用，便是忍耐的工夫，能幫助自己克服偶爾的心情浮躁。他說：「在家無事，每日可仍臨帖一百字，將浮躁處大加收斂。心以收斂而細，氣以收斂而靜。於字也有益，於身、於家也有益。」

曾國藩非常勤於寫字，不論是在他帶兵時，或後來做兩江總督、直隸總督時，他對部屬的呈文和請示，凡是重要性較高的，都用楷書詳加批覆。此外，**他寫了幾十年日記，也全都是用楷書寫就**。由此便可看出曾國藩在寫字這件事上是何等勤勞。

3 家書與日記，詳細且誠懇

家書和日記，是曾國藩一生的重大著作——雖然它們原本並非一種特意為之的著作——直到今日，仍具有其價值。從他的家書和日記中，不只能看見他一生事業的軌跡，還能了解許多處世為人的道理。

曾國藩的家書有幾個特點：第一是篇幅長，第二是內容詳細，第三是誠懇。

曾國藩家書平均都在一千字左右，長信甚至多到三千字，跟一般人寫信的篇幅相比，可說是長篇巨幅。為什麼家信要寫得這麼長、不怕煩瑣呢？他自己解釋道：

此後寫信來，諸弟各有專守之業，務須寫明，且須詳問極言，長篇累牘，使我讀其手書，即可知其志向識見。凡專一業之人必有心得，亦必有疑義。諸弟有心得，可以告我共賞之；有疑義，可以問我共析之。且書信既詳，則四千里外之兄弟不啻晤言一堂，樂何如乎……嗣後我寫諸弟信，總用此格紙，弟宜存留，每年裝訂成冊。其中好處，萬不可忽略看過。諸弟寫信寄我，亦須用一色格紙，以便裝訂。（〈致澄弟溫弟沅弟季弟．道光二十二年九月十八日〉）

吾每作書與諸弟，不覺其言之長，想諸弟或厭煩難看矣！然諸弟苟有長信與我，我實樂之。（〈致澄弟溫弟沅弟季弟．道光二十二年十月二十六日〉）

凡事務必說得詳細，家書也不例外

寫長信就是為了能寫得詳細。以下舉兩個例子，可看出曾國藩對極小的事情，在家書中也不肯稍有疏漏。

丫鬟因其年已長，其人太蠢，已與媒婆兑換一個（京城有官媒婆，凡買妾買婢，皆由他經紀），彼此不找一錢。此婢名雙喜，天津人，年十三歲，貌比春梅更陋，而略聰明。寓中男僕如故。

余作書架樣子，茲也送回家中，可照樣多做數十個，取其花錢不多，又結實又精緻，寒士之家，亦可勉做一二個。吾家現雖鼎盛，不可忘寒士家風味，子弟力戒傲惰。戒傲以不大聲罵僕徒為首；戒惰以不晏起為首。吾則不忘蔣市街賣菜籃情景，弟則不忘竹山凹拖碑車風景。

以上兩封信，第一封是道光二十二年八月一日，曾國藩在北京寫的家書，這時他是個小京官，在信中他對丫鬟的小事情說得十分詳細。第二封是同治六年正月四日在周家口寫的家信，這時他已是兩江總督，家書中卻詳細寫了書架這樣的小事。由此可見，曾國藩始終貫徹著寫信須詳細這一堅持。

曾國藩的家書，在字裡行間流露一種真誠的熱情。這種熱情的流露，不參雜虛偽和造作的成分，最能感動人。曾國藩有許多家書，都是在教訓他的弟弟們，但他能不引起對方反感，且造就他諸弟們的成功，便是以這種誠懇、熱情來感動他們。

寫日記的重點：誠實面對自己

曾國藩寫日記，有兩點值得效仿：第一是「有恆」，第二是「誠實」。

自從曾國藩開始寫日記以來，一生從未間斷，即使在軍務極忙之時也不荒廢，直到他臨死的前一天仍記得寫日記。這種有恆精神，是他一生事業成功之處。

一般人寫日記不只沒有恆心，有時也不免自欺欺人。但是，**曾國藩的日記重點在於「誠實」**。他每天晚上寫日記，把一天值得記錄的事情都寫下來。事情怎麼做，就怎麼記；發生什麼事，便如實記下，從不虛偽、造假。

他絕不欺騙自己。做了好的事情，寫下來；做了不好的事、說了不應該說的話，也寫下來。他毫不掩飾，是因為這樣可以時時警惕自己——這正是寫日記的本意。

因此，曾國藩的家書和日記，在後人看來不只是理解他生平的史料，還是很有價值的讀物。

4 崇拜韓愈、杜甫、陶淵明

凡詩文趣味約有二種：一曰詼詭之趣，一曰閒適之趣。詼詭之趣，惟莊、柳之文，蘇、黃之詩，韓公詩文，皆極詼詭，此外實不多見。閒適之趣，惟柳子厚遊記近之，詩則韋、孟、白傅，均極閒適。而余所好者，尤在陶之五古、杜之五律、陸之七絕。以為人生具此高淡襟懷，雖南面王不以易其樂也。但不可走入孤僻一路耳！（〈諭紀澤・同治六年三月二十二日〉）

以上這一段話，足以代表曾國藩對詩文的見解。他的敘述正確與否是另一問題，但從這段話中，可以看出曾國藩對於詩文抱持著怎樣的態度。

關於作詩，曾國藩主張以性情所近，專學一家。所以，他告訴他的弟弟：

學詩，從《中州集》（按：金元好問編，收錄金代詩歌兩千餘首）入亦好，然吾意讀總集，不如讀專集。此事人人意見各殊，嗜好不同。吾之嗜好，於五古則喜讀《文選》，於七古則喜讀《昌黎集》，於五律則喜讀杜集，七律亦最喜杜詩，而苦不能步趨，故兼讀《元遺山集》。吾作詩最短於七律，他體皆有心得，惜京都無人可與暢語者。弟要學詩，先須看一家集，不要東翻西閱；先須學一體，不可各體同學，蓋明一體則皆明也。（〈致溫弟．道光二十三年六月初六日〉）

（編按：曾國藩讀詩，五言古詩喜歡《昭明文選》，七言古詩喜歡韓愈，五言、七言律詩則喜歡杜甫，七律也讀元好問詩。此外，他認為學詩不要什麼都看，而要專挑一家學習。）

曾國藩作詩很注重聲調。他說：「余所選鈔五古九家，七古六家，聲調皆極鏗鏘，耐人百讀不厭……欲作五古七古，須熟讀五古七古各數十篇，先之以高聲朗誦，以昌其氣；繼之以密詠恬吟，以玩其味。二者並進，使古人之聲調，拂拂然若與我之喉舌相習，則下筆為詩時，必有句調湊赴腕下。詩成自讀之，亦自覺琅琅可誦，引出一種興會來。古人云：『新詩改罷自長吟』，又云『煅詩未就且長吟』。可見古人慘澹經營之時，亦純在聲調上下工夫。蓋有字句之詩，人籟也；無字句之詩，天籟也。解此者，能使天籟人籟湊泊而成，於詩人之道思過半矣。」

從以上敘述可知，**曾國藩很崇拜韓愈、杜甫，而陶淵明詩的「和淡之味」與「和諧之音」，他也表示信奉。**據曾國藩自己說，他雖不常作詩，但很喜歡讀詩。每天夜間他常取古人名篇，高聲朗誦，認為這是很好的娛樂。

不喜無病呻吟的文章

至於在「文」的方面，曾國藩的見解是：「作文以思路宏開，為必發之品；意義層出不窮，宏開之謂也。」所以**曾國藩最不喜歡的，便是無病呻吟的文章**。

「余近年頗識古人文章門徑，而在軍鮮暇，未嘗偶作，一吐胸中之奇！爾若能解《漢書》之訓詁，參以《莊子》之詼詭，則余願償矣。至行氣為文章第一義：卿、雲（按：漢辭賦家司馬相如（字長卿）、揚雄（字子雲）之並稱）之跌宕，昌黎（按：即韓愈）之倔強，可為行氣不易之法。宜先於韓公倔強處，揣摩一番。」曾國藩之所以如此崇拜韓愈，便是因為他的文章最為雄奇。雄奇的文章，正是曾國藩最推許的。關於這點，曾國藩說：

文中「雄奇」之道，雄奇以行氣為上，造句次之，選字又次之。然未有字不古雅，而句能古雅，句不古雅，而氣能古雅者；亦未有字不雄奇，而句能雄奇，句不雄奇，而氣能雄奇者。是文章之雄奇，其精處在行氣，其粗處全在造句選字也。余好古人雄奇之文，以昌黎為第一，揚子雲次之。二公之行氣，本之天授，至於人事之精能，昌黎則造句之工夫居多，子雲則選字之工夫居多。（《曾文正公家訓．咸豐十一年正月初四日》）

曾國藩的文章理論偏重於雄奇，所以他的文章也以雄奇見長，例如他較為著名的文章如〈原才〉、〈湘鄉昭忠祠記〉等，都是以此為特色。

5 喜作楹聯，給自己也給別人

楹聯是中國文學的獨特產品，具有特殊價值。日常生活中，時常有看見楹聯的機會。好的聯語是一門藝術，會讓人覺得它出自天然，而沒有人工雕琢的痕跡。在曾國藩的時代，因他愛好楹聯，就有許多人都跟著他一起喜歡楹聯，造成一時的風氣。

楹聯的好處，是因為韻語對仗，容易記憶。曾國藩作楹聯，有時是為了自箴，有時是為了勸人，正是取其容易記憶的優點。曾國藩說：

李申甫自黃州歸來，稍論時事，余謂當豎起骨頭，竭力撐持。三更不眠，因作一聯云：「養活一團春意思，撐起兩根窮骨頭。」用自警也。余生平作自箴聯句頗多，惜皆未寫出。丁未年在家作一聯云：「不怨不尤，但反身爭個一壁靜；

勿忘勿助，看平地長得萬丈高。」曾用木板刻出。（〈丁未十月日記〉）

常常失眠，讓他寫出聯語金句

他生平所作「自箴聯」很多，可惜大多未寫出，但從他的書籍中仍可找到不少，以下便舉一些例子：

因念家中多故，心中焦慮之至；又不知兵事之變態何如，彌覺憂惶，不能自寧。因集古人成語，作一聯自箴曰：「強勉行道，莊敬日強。」上句箴余近有鬱抑不平之懷，不能強勉以安命；下句箴余近有懶散不振之氣，不能莊敬以自奮，惜強字相同，不得因發音變讀而易用耳。（〈甲子四月日記〉）

余回憶生平，愆尤叢集，悔不勝悔，而精力疲憊，自問更無晚蓋之力，乃作一聯云：「莫苦悔已往愆尤，但求此日行為，無慚神鬼；休預怕後來災禍，只要暮年心氣，感召祥和。」（〈乙巳八月日記〉）

曾國藩的聯語中，有不少千古名言。例如他有次作聯云：「**不為聖賢，便為禽獸；莫問收穫，但問耕耘。**」其中包含著無限進取精神。

他的聯語不只用以「自箴」，有時也用以「箴人」。例如他曾用聯語表揚治兵的方法：「氣浮而不斂，兵家之所忌也。偶作一對聯云：『打仗不慌不忙，先求穩當，次求變化；辦事無聲無臭，既要精到，又要簡捷。』」

曾國藩患有乾癬，常常失眠，這反而給他許多寫作聯語的機會。他在日記中說：「夜閱《荀子》三篇。三更盡睡，四更即醒，又作一聯云：『天下無易境，天下無難境；終身有樂處，終身有憂處。』至五更，又改作二聯，一云：『取人為善，與人為善；樂以終身，憂以終身。』一云：『天下斷無易處之境遇，人間那有空閒的光陰。』」（己未十月）曾國藩白天沒有時間，聯語多半是在晚上思考寫就。

寫輓聯的風氣，因曾國藩而起

此外，**還有一種弔喪用的聯——輓聯。送輓聯的風氣，其實是曾國藩等人所造成。**

曾國藩對於「輓聯」很講究。有次，他問他的弟弟：「胡潤之中丞太夫人處，余作輓聯云：『武昌居天下上游，看郎君新整乾坤，縱橫掃蕩三千里；陶母為女中人傑，痛仙馭永辭江漢，感激悲歌百萬家。』胡家聯句必多，此對可望前五名否？」（〈致沅弟・咸豐八年八月初六日〉）可見他很在意自己的聯語能否成為上選。

同治元年十一月，曾國藩在五弟曾國葆死後，曾作聯云：「英名百戰總成空，淚眼看山河，憐予季保此人民，拓此疆土；慧業多生磨不盡，痴心說因果，望來世再為哲弟，並為勳臣。」

他不太滿意這個聯語。第二天，他想為五弟寫一篇墓誌，整夜未成一字，又得輓聯一副云：「大地干戈十二年，舉室效愚忠，自稱家國報恩子；諸兄離散三千里，音書寄涕淚，同哭天涯急難人。」這才覺得滿意。

因為曾國藩喜歡作楹聯，他的朋友和門生也都講究此道。曾國藩死後，許多人寫輓聯哀弔他。如左宗棠云：「謀國之忠，知人之明，自愧不如元輔；同心若金，攻錯若石，相期無負平生。」李鴻章云：「師事近三十年，薪盡火傳，築室忝為門生長；威名震九萬里，內安外攘，曠代難逢天下才。」

6 曾國藩的幽默感

一般人談起曾國藩，便覺得以他的道德文章之高，一定是道貌岸然，令人望而生畏。其實不然。曾國藩自己說，他的學問是以「禹墨為體，莊老為用」。所以他為人雖有肅穆，其中還兼富現代所謂的「幽默感」。李鴻章曾敘述曾國藩的日常生活：

在營中時，我老師（曾國藩）總要等我輩大家一同吃飯，飯罷後，即圍坐談話，他老人家又最愛講笑話，講得大家肚子都笑疼了，個個東歪西倒的。他自家偏一些不笑，以五個指頭作把，只管捋鬚，穆然端坐，若無其事。（《水窗春囈》）

在《水窗春囈》上，還可以看到以下敘述：「文正夫人在安慶署中，每夜姑婦兩人紡棉紗，以四兩為率，二鼓後即歇。一夜不覺至三更，劼剛（曾紀澤）世子已就寢矣。

夫人曰，今為爾說一笑語，以醒睡魔可乎？『有率其婦紡至夜深者，子怨詈，謂紡車聲聒耳，不得眠，欲擊碎之。父在房中應聲曰：吾兒，可將爾母紡車一併擊碎為妙。』翌日早餐，文正為笑述之，坐中無不噴飯。」從這裡可以看到曾國藩的幽默，以及他公館中婦女生活的勤儉。

曾國藩有所謂的「挺經」，是一種以剛勁強硬為特徵的處世哲學。李鴻章說：

我老師的祕傳心法，有十九條挺經。這真是精通造化，守身用世的寶訣。我試講一條與你聽。「一家子，有老翁請了貴客，要留他在家午餐。早就吩咐兒子前往市上備辦肴蔬果品。日已過巳，尚未還家。老翁心慌意急，親至村口看望。見離家不遠，兒子挑著菜擔，在水塍（按：音同城，稻田間的路界）上與一個京貨擔子對著，彼此不肯讓，就釘住不得過。老翁趕上前婉語曰：老哥，我家中有客，待此具餐，請你往水田裡稍避一步，待他過來，你老哥也可過去，豈不兩便嗎？其人曰：你教我下水，怎麼他下不得呢？老翁曰：他身子矮小，水田裡恐怕擔子浸著溼，壞了食物，你老哥身子高長些，可以不至於沾水。因為這個理由，所以請你避讓的。其人曰：你這擔內，不過是菜蔬果品，就是浸溼，也還可以將就用的，我擔中都是京廣貴貨，萬一著水，便一文不值。這擔子身分不同，安能教我避讓！老翁見抵說不過，乃挺身就近曰：來，來，然則如此辦理，待我老頭兒下了水田，你老哥將貨擔交付給我，我頂在頭上，請你空身從我兒旁邊岔過，再將擔子奉還，何如？當即俯身解襪脫履，其人見老翁如此，作意不過，曰：即老丈如此費事，我就下了水田讓爾擔過去。當即下田避讓。」他只挺了一挺，一場競爭，就此消解，這便是挺經中開宗明義的第一條。至此而止，竟不復語，予俟之良久，不得已始請示第二條。公含笑揮手曰：這此一條，夠了，夠了，我不說了。（《水窗春囈》）

十九條祕傳心法，竟然只傳一條？其實，曾國藩的「幽默」不僅如此，他的日記和書信中也都充滿這種幽默。他的日記中曾這樣寫道：「與子序言聖人之道，亦曰：『學問閱歷，漸推漸廣，漸習漸熟，以至於四達不悖。因戲稱曰：鄉人有終年賭博而破家者，語人曰：吾賭則輸矣！而賭之道精矣！從來聖賢未有不由勉強以幾自然，有閱歷悔悟以幾成熟者也！程子解孟子苦、勞、餓、乏、拂、亂、動、忍等語曰：若要熟也，須從這裡過。亦與賭輸而道精之義為近。』子序應之。」（乙未五月）

說笑，是為了轉化苦悶的氣氛

曾國藩性好詼諧，在其家訓中曾提過這件事。他曾在公牘的官銜上批一詩云：「官兒盡大有何榮，細字太多看不清，刪去幾行重刻過，留教他日作銘旌（按：喪禮中在靈柩前的長旛。由有名望的人署名題寫死者的姓名、官銜、封贈、謚號）。」

他的書信中也時常有幽默的比喻。他說：「惠書稱申夫有攬轡澄清之志，只愧尺波不足以縱巨鱗，陋邦不足以發盛業。昔有巨盜發塚，椎掘方畢，棺中人忽欠伸起坐曰：『我乃伯夷，何為見訪？』盜逡巡去。易一邱，方開鑿墓門，見前欠伸者隨至曰：『此舍弟叔齊家也。』今將施巨鉤犗餌於蹄涔之水，是猶索珠襦玉柙於伯夷之壟，多恐有辜薦賢之盛心。至於推誠揚善，力所能勉，不敢或忽。」

曾國藩入閣之日，左宗棠為巡撫。照例巡撫上書閣臣應自稱晚生，但左宗棠素來瞧不起曾國藩，不甘貶節，因此手書：「照例應晚，但弟僅少公一歲，似不算晚，請仍稱弟。」曾國藩得書，便引戲文中「恕汝無罪」四字答之。

曾國藩是個誠懇的人，絕不在朋友或僚屬面前戴起假面具。他一生時間大半都在艱難困苦中度過，再不說說笑話，轉變周圍苦悶的氣氛，還有什麼娛樂呢？

第十二章

對後世的影響

1 重振岌岌可危的清帝國

曾國藩費了十多年的心力，擊敗太平天國這股新興勢力，無意中使即將崩潰的清政府，延長了五、六十年的壽命。

清皇室本是來自中國東北部的民族，當明末衰亂時，滿族接連出了幾個豪傑之主，又碰上好機會而闖入山海關，建立愛新覺羅的大皇朝，竭力經營，居然十分昌盛。

但是，**君主專制的國家，全靠英明的領袖維持昌盛，立國之時的銳氣過後，便免不掉入盛極而衰的迴圈**。所以，清朝經過聖祖（康熙）、世宗（雍正）的鼎盛時期，傳到高宗（乾隆）時，便轉入衰替時期，仁宗（嘉慶）以後國勢便一步步衰落。

一個皇朝的衰亡，在歷史上本來並非什麼新鮮事。可是，**當清朝因國勢衰退而開始崩潰，又適逢西方列強帝國主義者開拓殖民地，在遠東**（按：Far East，為西方國家對亞洲使用的地理概念，通常指西伯利亞、東亞〔含東北亞〕、東南亞等離歐洲較遠的地區）**地區競爭最劇烈之時**。結果，中國便隨著清朝的崩潰，陷入受帝國主義壓迫的半殖民地位。

鴉片戰爭，清廷失去權力與民心

清高宗乾隆是個「席豐履厚」的天子，承襲清開國以來的勢力和威望，完成平定藩屬的事業，所以他志得意滿，御著《十全記》，自誇他的「十全武功」。其實，這時的清朝無形中已開始盛極而衰的趨勢。乾隆又是個自命不凡、喜歡闊綽的人，處處想模仿聖祖康熙。他三次巡遊江南，花費巨大，使國家元氣受挫不少。所以自他的下一代起（嘉慶以後），內亂外患便不斷發生。

乾隆末年，白蓮教徒在四川、湖北一帶擾亂，江蘇、浙江、福建、廣東一帶又有「艇盜」。這時候，清朝廷內和珅（按：乾隆時的貪官）用權，奸臣搜括於內，匪徒騷擾於外，使清廷元氣大受打擊。後來仁宗嘉慶費盡心力，好不容易把內賊外亂削平，然而清朝的衰落之勢已逐漸顯著。

鴉片戰爭之前，清廷在中國的統治地位，已經岌岌動搖。四川、湖北一帶的教匪，以及東南沿海的艇盜雖終被平服，然而愛新覺羅皇朝由動搖而崩潰的局勢仍無法避免。

正好在這時，從西洋闖到東方來的帝國主義者，由英國當先以武力侵略，和中國正面衝突。這便是有名的**鴉片戰爭**。戰爭的結果，**清廷屈服了，因而斷送許多權力、失去民心。清國勢就此一蹶不振，其統治權力也就岌岌可危。**

滅太平天國，讓清廷有喘息機會

曾國藩出生時，正逢清政府衰落的時代。鴉片戰爭以後，朝野仍不思振作，舉國充滿懈怠、渙散的氣氛。上位者絲毫不知自己統治權被推翻可能只是頃刻間的事，仍舊橫肆其專制淫威。兵士騷擾、官吏壓迫，民間終於激起太平天國事變。

太平軍自從道光三十年夏天在廣西起事，至同治三年被清軍攻下南京為止，共計十四年，受戰爭威脅者達十七省之廣。太平天國軍勢最盛時，軍力直入河北，離清政府的所在地北京僅兩百里，清政府簡直命懸一線。

咸豐十年，曾國藩正在安慶和太平軍死命掙扎時，外患又像狂風暴雨一樣交迫而來。英法聯軍破大沽、陷天津，直逼北京，咸豐皇帝手足無措，往熱河暫避，留下膽小的恭親王奕訢，後來他則逃往長辛店。聯軍直攻北京城下，限期交出被清政府扣留的議和代表巴夏禮（Sir Harry Parkes）。在得知被俘虜的英國外交人員、隨軍記者等，有二十多人被清軍虐待至死後，英國公使額爾金（按：額爾金伯爵〔The Earl of Elgin〕，名字為詹姆士．布魯斯〔James Bruce〕）下令焚毀圓明園，聯軍便直入北京城。

當時的清政府，內有太平天國之亂，外有聯軍入侵，一國元首甚至逃往熱河，國都被外兵所據，距離滅亡可謂一線之間。當時，**英國公使額爾金見清廷腐敗顢頇，甚至向列國提議承認太平天國政府為中國中央政府**。

經過曾國藩等人十幾年的苦戰，清政府總算消滅太平天國，又經李鴻章、左宗棠等人努力，平定繼太平天國而起的捻軍和回民起義。這使得清政府終於有喘息的機會。在這個暫時安定的局面下，清政府靠著這幾位「中興名臣」的力量，又維持了一段時間。

曾國藩在太平天過亂後，看到劫後社會，認為應讓人民休養生息，他便憑藉他的權位與聲望，整飭吏治，嚴整兵備，保護民生，休養民力。一段時間後，一度瀕於危亡的清朝逐漸恢復，形成中興局面。這些重要的事業，當然不是曾國藩一人的功勞，胡林翼、左宗棠、李鴻章、曾國荃等也都有貢獻，但追根溯源，曾國藩是開創者。從歷史上看來，曾國藩可算得上是清朝的中興功臣。

曾國藩一番努力，使清政府形成中興局面。可是愛新覺羅皇朝沒有珍惜這難得的機會，把握住這中興的曙光，最後喪失新生的時機。六十年後，危而後復安的清皇室便遭斷送。

2 簡樸自勵，形成風氣

風俗之厚薄奚自乎？自乎一二人之心之所嚮而已。民之生，庸弱者戢戢皆是也。有一二賢且智者，則眾人君之而受命焉。尤智者所君尤眾焉。**此一二人者之心向義，則眾人與之赴義，一二人者之心向利，則眾人與之赴利。眾人所趨勢之所歸，雖有大力，莫之敢逆。**故曰，撓萬物者莫疾乎風。風俗之於人之心，始乎微而終乎不可禦者也。

以上是曾國藩〈原才〉中的一段話。曾國藩以為風俗的厚薄良惡，是由於一、兩位賢能且有智慧之人的提倡。他認定這一點，一生中時時致力於此，經過幾十年的努力，蔚然成為一時的風氣。

一個國家到了衰落的時代，朝野必然充滿暮氣，而民間風習也一定是奢靡不堪，流露出懶散、懈怠的樣態。一個國家的興衰，只要觀察它朝野各方面表現是頹喪或振作，便可略知一二。

清朝經過康熙、雍正的極治，到乾隆時便開始了奢靡的風氣、頹惰的生活，直到道光、咸豐年間，朝野都充滿著暮氣、驕詐、虛偽、取巧。善於逢迎的人竊居高位，有能力的人鬱鬱不得志。曾國藩做京官時便深以這種現象為憂，因而竭力講究修身、崇尚氣節、提倡耿直，居然小有名聲，只可惜他這時年輕望低，還不能改變當時風氣。

清廉儉樸，在當時朝廷中獨樹一幟

等到他創辦湘軍、有了相當的權力和威望，**曾國藩格外發揚自己平時的信仰和操守——清、廉、儉、樸，在當日軍事政治腐敗不堪的環境中獨樹一幟，顯現出他難能可貴的操守。於是一般有志之士和自好之徒，都來到湘軍旗幟下，為曾國藩效力。**一時之間，湘軍內部充滿刻苦耐勞的氣氛，受到許多人注目。曾國藩認為以一、兩人的提倡、少數人的努力，就能改變風氣，至此可說已成就了一半。

太平天國消滅後，曾國藩兩任兩江總督、一任直隸總督，在當時一般人的心目中，已是所謂「德高望重」的元老。那時，朝廷內皇帝年幼，根本沒有能力；雖有自命不凡的慈禧，但此時她還沒有多大的野心，許多政事都會探問曾國藩，疑難之事也以曾國藩的判斷為準。

曾國藩雖不是喜歡弄權的人，且以位高權重為誡，但因當時時勢所趨，他在無形中已成為中外眾望之中心。曾國藩的一舉一動，皆為朝野信奉、模仿，甚至盲目崇拜。

曾國藩素來崇尚勤儉，到這時知道自己為舉國眾望之所歸，又格外以簡樸自勵。曾國藩晚年做了封疆大吏後，講究氣節、崇尚操守、標榜道德，上行下效，成為一時流行。所以，在太平天國亂平後的一、二十年內，中國政治很上軌道，吏治也更加澄清。**所謂「風俗之厚薄由於一二人的首倡」，曾國藩以自己身體力行，也許這就是他自認平生最得意的事！**

《孟子》有言：「上有好者，下必有甚焉者矣。」一件事既經提倡，有時就會遇到矯枉過正的情形。相傳曾國藩做兩江總督時，文武百官因長官崇尚節儉，即使有許多不能節儉的人，也得勉強自己節儉。僚屬謁見曾國藩，衣著必得樸素。

有次，一位新官來謁見曾國藩，曾國藩見他穿著綢衣，很不高興，說他既為人父母官，就不應如此奢華。這位新官不慌不忙的說，他沒有錢，買不起舊布衣，因為街坊上舊布衣的價錢比綢衣更貴，他只能買綢衣。這種傳說，雖未必真有此事，也可能是當時的人用以譏諷曾國藩；但此時清朝風氣的改變，無疑與曾國藩有關。

曾國藩、胡林翼、左宗棠、李鴻章等人，在清朝政治最腐敗之時，以志氣節操互相督責、互相標榜，而能改造一代的風氣，其流風遺韻，影響二、三十年之久。「風俗之厚薄良惡，係乎一二人心之所嚮」，曾國藩這種移風易俗、形成一代風氣的成就，或許遠比撲滅太平天國的功業勳名更值得稱頌。

3 曾國藩日記，最佳教子書

曾國藩一生對後世所產生的影響，我將它勉強分為四點來談：政治的影響、軍事的影響、社會的影響，以及文學的影響。這可能不是令人滿意的分類，但除此以外我也想不出較好的分類。

一、政治的影響

一個出現在歷史課本上的人，先不問他所占地位大小，他所做的每一件事，都和後來的歷史有著不可分離的關係。

倘若根本沒有曾國藩這個人，在洪秀全、楊秀清起事後，將會發生什麼事？倘若曾國藩不幫助清政府，甚至是被太平天國網羅，後續的歷史將成為什麼樣貌？倘若曾國藩出面幫助清政府，但在靖港就自殺成功、在湖口遭難，或在祁門戰死，後面的歷史又會變成什麼樣子？

倘若曾國藩有以上所述的情形之一，清朝的壽命絕不能在瀕於危亡中，再掙扎六十年的時間。或許也沒有後續一九一一年的辛亥革命，因為太平天國可能已統一中國，其對外政策和手腕也許和清廷完全不同，近代一連串外交史或許就會以另一種形式演出。

曾國藩的成功，為清延長了六十年的皇祚，同時也給予清政府自信。後來，慈禧恣意驕奢、輕視外國人，引出種種辱國喪權的事情，也可能是拜曾國藩之賜。倘若沒有曾國藩消滅太平天國，清政府苟安半壁，絕不可能出現後來那些狂妄的行為。

清以少數民族入主中國，從康熙以來，一直抱著歧視漢臣的態度。乾隆屢興文字獄，更引起漢人的反感。太平軍起事後，清朝廷因為曉得自己人顢頇無用，不得不延用漢人平亂。所以太平天國撲滅後，曾國藩、左宗棠、李鴻章等人都身居要職，手握大權，漢臣得到清廷的重要位置，獲得前所未有的尊重。倘若清政府在太平天國之役後不重用漢人，也許漢人就沒有後續推翻滿清的革命了。

二、軍事的影響

湖南本來是民性剛強的地方，曾國藩募練湘軍，終成大功，這件事給予湖南人很大的刺激，「從軍」成為湖南人的風俗。中國有句俗話：「好鐵不打釘，好男不當兵」，在湖南是不合當地民情的。因為湖南許多家境不錯的家庭，也讓年輕男子出來當兵，往往一家三個兄弟都從軍。當兵在別的地方也許是窮極無賴的歸宿，在湖南卻是正當的職業。這種尚武的精神，很令人佩服。

一九二七年至一九二八年間，國民革命軍出師北伐，湖南人立了不少的功績。湖南軍人耐勞善戰，仍不脫當年湘軍的本色。追本溯源，湖南人的從軍習慣，固然由於當地民族性的剛強，但也可能是受到曾國藩的影響。

三、社會的影響

一個在歷史上有地位的人，他的政治影響力也許消失得很快，社會影響力卻不容易消滅。

曾國藩的思想偏重於守舊一途。他在世時崇尚氣節、提倡儉樸、標榜道德，並身體力行。他對社會上影響最深的，便是發揚孝悌忠信禮義廉恥的精神，以及舊禮教的崇奉。曾國藩講究儉樸，影響後來湖南鄉間保持著儉樸之風。

四、文學的影響

曾國藩對文學的影響，固然沒有康有為、梁啟超等維新之文，以及胡適文學革命那麼廣泛。我所能談的是曾國藩的家書和日記。

曾國藩家書和日記，在文學上不能說有多麼了不起的價值，但其對於後世的影響其實很大。**許多關心子女、希望他們能立身成人的家長，會讓他的孩子們閱讀曾國藩的日記或家書，以其作為修養的良藥。**由此看來，曾國藩具有很大的影響力。

附錄一

曾國藩年表

一八一一年（嘉慶十六年）一歲
十月十一日亥時，曾國藩出生。

一八一四年（嘉慶十九年）四歲
六月，妹妹曾國蕙出生。

一八一六年（嘉慶二十一年）六歲
開始在家塾裡讀書。十月，曾祖父竟希公去世。

一八一七年（嘉慶二十二年）七歲
開始跟著父親曾麟書讀書。

一八一八年（嘉慶二十三年）八歲
八月，妹妹曾國芝出生。

一八二〇年（嘉慶二十五年）十歲
五月，弟弟曾國潢出生。

一八二二年（道光二年）十二歲
五月，弟弟曾國華出生。

一八二四年（道光四年）十四歲
和歐陽夫人訂婚。跟父親到長沙應童子試。八月，弟弟曾國荃出生。

一八二六年（道光六年）十六歲	應童子試考取第七名。
一八二八年（道光八年）十八歲	九月，弟弟曾國葆出生。
一八三〇年（道光十年）二十歲	到衡陽唐氏家塾讀書。九月，妹妹季妹出生。
一八三一年（道光十一年）二十一歲	從衡陽回來，到本邑漣濱書院讀書。
一八三三年（道光十三年）二十三歲	補縣學生員。十二月，和歐陽夫人結婚。
一八三四年（道光十四年）二十四歲	中舉人。十一月到北京。
一八三五年（道光十五年）二十五歲	會試不售，留在北京讀書。
一八三六年（道光十六年）二十六歲	出京，經江南到湖南。
一八三七年（道光十七年）二十七歲	十二月，離開湖南到北京。
一八三八年（道光十八年）二十八歲	中進士。升翰林院庶吉士。八月出都，十二月到家。
一八三九年（道光十九年）二十九歲	十一月，兒子曾紀澤出生。北上，十二月經過漢口。**這一年開始寫日記。**
一八四〇年（道光二十年）三十歲	授職檢討。不久又派為順天鄉試磨勘官。
一八四一年（道光二十一年）三十一歲	充國史館協修官。
一八四二年（道光二十二年）三十二歲	和倭仁等講究學問。這年春天中英鴉片戰爭，簽訂《南京條約》。

一八四三年（道光二十三年）三十三歲
做四川正考官，後補為翰林院侍講，回京充文淵閣校理。

一八四四年（道光二十四年）三十四歲
充翰林院教習庶吉士，轉補翰林院侍讀。

一八四五年（道光二十五年）三十五歲
升翰林院侍講學士；十二月，補日講起居注官，充文淵閣直閣。

一八四六年（道光二十六年）三十六歲
十一月，祖母逝世。

一八四七年（道光二十七年）三十七歲
十月，充武會試正總裁，又派為殿試讀卷大臣。

一八四八年（道光二十八年）三十八歲
二兒子曾紀鴻出生。

一八四九年（道光二十九年）三十九歲
任禮部右侍郎，八月，兼署兵部右侍郎。十月，祖父星岡公卒，請假兩月服喪。

一八五〇年（道光三十年）四十歲
清文宗（咸豐）即位。十月，兼署兵部左侍郎。

一八五一年（咸豐元年）四十一歲
疏陳〈簡練軍實以裕國用〉奏摺，為咸豐贊許。又上奏〈敬陳聖德三端預防流弊疏〉，很多切直的話，為大家所注意。五月，兼署刑部左侍郎。

一八五二年（咸豐二年）四十二歲
太平天國已經起事年餘，清軍烏蘭太、向榮不能勝。曾國藩疏請寬免勝保處分，以廣言路。六月，任江西正考官，走到安徽太湖縣境，聽聞母親江太夫人訃耗，八月回家。洪秀全等人從廣西進湖南，圍長沙不克，沿洞庭湖東下，連占岳州、漢陽、武昌等處。**曾國藩奉命辦理團練，在長沙操練湘軍**。

一八五三年（咸豐三年）四十三歲

太平天國攻下安慶，建都南京（改名天京）。七月湘軍到南昌。**八月曾國藩移駐衡州，創辦水師**。太平軍攻下九江，南昌戒嚴。十二月，太平軍攻下廬州，江忠源戰死。

一八五四年（咸豐四年）四十四歲

曾國藩在衡州經營水師。太平軍下岳州，曾國藩從岳州敗退長沙，塔齊布在湘潭獲勝；**四月，曾國藩在靖港戰敗，投水自殺未成**。七月攻克岳州，八月攻下武昌、漢陽，曾國藩便帶兵東下，圍攻九江。太平軍以夜間開小艇襲曾國藩營，坐船為敵軍所獲，文卷因此散失，曾國藩躲往羅澤南營。

一八五五年（咸豐五年）四十五歲

回南昌重振水師。三月進駐南康，五月在青山獲勝。塔齊布卒於軍中。曾國藩到九江巡視後仍回南康，九月進駐屏風。太平軍石達開大隊來江西，連下新昌、安福、萬載等縣，直逼南昌。彭玉麟在衡州聽到江西緊急，趕回南康，派水師扼守臨江。

一八五六年（咸豐六年）四十六歲

彭玉麟在樟樹鎮獲勝。太平軍攻下吉安，曾國藩回南昌助守。聽聞哥哥警耗，曾國華從湖北帶兵五千轉戰而東，直達瑞州府；曾國荃在長沙募勇兩千人，稱作「吉字營」，到江西相救。九月，曾國藩到瑞州勞帥，不久便回南昌。

十一月，曾國荃進攻吉安。胡林翼派人東征，連下武昌、黃州、蘄州直達九江城外。十二月，曾國藩赴九江勞師，不久便回南昌。

一八五七年（咸豐七年）四十七歲

二月四日，**父親曾麟書在湘鄉逝世，曾國藩和曾國華從瑞州奔喪，曾國荃從吉安奔喪。奏陳丁憂回籍，得假三月**。九月因江西軍務漸有起色，清廷允許曾國藩在籍守制。十月，曾國荃進兵吉安，和太平軍石達開大隊交戰，獲得勝利。十二月楚軍克臨江府。

一八五八年（咸豐八年）四十八歲

曾國藩在家鄉小住。曾國荃、李續賓、楊載福等人慢慢肅清江西。太平軍入浙江，清廷命曾國藩辦理浙江軍務，他便從湘鄉到長沙，經武昌、九江、湖口，以達南昌。八月到湖口營，曾國荃攻克吉安，江西全省肅清。九月移駐建昌府，十月李續賓和曾國華戰歿於三河鎮。

一八五九年（咸豐九年）四十九歲

二月，蕭啟江攻克南安，閩省肅清，曾國藩移駐撫州。六月，曾國荃打下景德鎮。七月，曾國荃帶兵從撫州到南昌。弟弟曾貞幹（國葆）在廣州從軍。八月，曾國藩抵黃州，立刻又到武昌。十月，曾國藩計畫四路進兵，不久後因目疾請假，在營休養。十一月從黃梅移駐宿松縣。

一八六〇年（咸豐十年）五十歲

二月，叔父曾高軒逝世，曾國藩請假四十天。閏三月，曾國荃從湖南來營，領兵進攻安慶。**曾國藩疏請左宗棠剛明**

耐苦，曉暢兵機，請破格錄用。這時太平軍占領蘇常，曾國荃專力圍攻安慶。六月，曾國藩到祁門縣。八月太平軍攻下寧國府，祁門危急。左宗棠軍抵景德鎮，在貴溪打退太平軍，英王陳玉成大舉援安慶，被曾國荃擊退。

一八六一年（咸豐十一年）五十一歲

太平軍圍攻祁門，情勢危急，二月攻下景德鎮。三月，曾國藩親自到休寧督攻徽州不下，仍回祁門。四月移駐東流縣。八月，曾國荃攻下安慶省城。這時咸豐已死，同治即位。九月，曾國荃進軍廬江縣。十二月，清軍屢獲勝利，清廷命彭玉麟為安徽巡撫，曾國藩疏稱彭玉麟素統水師，舍舟登陸，用違其長，請仍領水師。

一八六二年（同治元年）五十二歲

曾國藩任兩江總督協辦大學士。二月，左宗棠攻下遂安縣。曾國荃帶領新募湘勇六千人到安慶。三月，李鴻章帶領湘淮軍到上海皖浙一帶，清軍迭有勝利。四月，曾國荃打下金柱、關東、梁山、蕪湖。太平軍逼上海，李鴻章苦戰退敵。這時江南疫病流行，忠王李秀成趁機圍攻曾國荃大營，曾國荃死守。十一月，曾貞幹在軍中逝世。

一八六三年（同治二年）五十三歲

正月，曾國藩從安慶出來東行視師，二月底回安慶。三月，曾國荃任浙江巡撫。李鴻章攻下昆山。曾國荃進攻雨花臺，占領聚寶門外石壘。四月太平軍反攻，清軍堅守不出。八月，李鴻章攻克江陰。九月，曾國荃占領秣陵關，清軍紮孝陵衛，逼近南京，十月李鴻章攻克蘇州。

一八六四年（同治三年）五十四歲

正月，曾國藩在安慶。曾國荃奪得天保城。二月，左宗棠克杭州餘杭。四月，李鴻章攻下杭州，太平軍大舉入皖，曾國藩在徽州失利。五月清政府令李鴻章助攻南京，李鴻章不願爭功，按兵不動。**六月，曾國荃攻下南京，太平天國滅亡**。曾國藩受封為一等侯爵，曾國荃為一等伯爵。曾國藩從安慶到南京，親審李秀成。七月，**曾國藩裁去湘軍兩萬五千人**。回安慶，左宗棠平浙江。曾國荃請病假。九月，曾國藩回南京就兩江總督任。十月曾國荃回湘。捻軍起事。

一八六五年（同治四年）五十五歲

四月，捻軍勢大盛，僧格林沁在曹州陣亡。五月，清廷命曾國藩前赴山東一帶督師，曾國藩起程北上，剿捻不能獲勝。十月因病請假一月。十一月，清廷命曾國藩將軍務交李鴻章接辦，回兩江本任，辦理餉需。曾國藩駐兵徐州。御史穆緝香阿彈劾曾國藩師久無功。

一八六六年（同治五年）五十六歲

二月，**曾國藩從徐州北上，在山東一帶剿滅捻軍，仍不能獲勝**。十月請假一月休養。曾國藩請開去兩江總督缺，仍在軍營服役。

一八六七年（同治六年）五十七歲

正月，曾國藩從周家口到徐州，仍舊接受兩江總督的印信。清廷命李鴻章做湖廣總督。二月，李鴻章到河南督師，曾國藩從徐州回到南京。十月，曾國荃請開去湖北巡撫缺，回籍養病。

一八六八年（同治七年）五十八歲

四月，曾國藩從南京出巡，巡揚州、鎮江、蘇州等處，閏四月十日到上海，查閱艦炮工程，不久便回南京。**清廷調曾國藩做直隸總督**，十一月從南京啟行，十三日到北京。第二天謁見清太后慈禧。

一八六九年（同治八年）五十九歲

正月，曾國藩和慈禧談練兵和吏治的方法，二十日出北京，巡視永定河堤工，二十七日到保定省城，二月就直隸總督職。曾國藩決定直隸練兵，應參加東南募勇的方法，仍舊由戶部籌餉，而後營務才有起色。

一八七〇年（同治九年）六十歲

三月，曾國藩左目失明。四月患眩暈的疾病，請假一月調理，後來又續假一月。這時天津發生教案，引起對外交涉，**清廷命曾國藩調補兩江總督。九月天津教案解決**。國藩入京和清廷談論教案外交國防等事。十月十一日做壽，十二月回南京。

一八七一年（同治十年）六十一歲

七月，曾國藩和李鴻章曾請清廷派刑部主事陳蘭彬、江蘇同知容閎，選帶聰敏子弟，出洋學習技術。八月出省大閱。十月到吳淞口檢閱，並試演輪船，十五日回南京。

一八七二年（同治十一年）六十二歲

正月二十三日，曾國藩患肝風疾病，右足麻木，許久才痊。二十六日肝風又發作一次。二月二日曾國藩正在看書，勢筆而手顫，不能說話。他自己曉得死亡在即，留下遺言。四日到衙門後面西花園散步，遊畢將要回來，忽然連說腳麻，扶到廳堂，不久便逝世了。

附錄二

文獻中的曾國藩

本書另收錄「梁啟超論曾國藩——《曾文正公嘉言鈔》序」、「曾國藩刷新舊社會——出自蔣廷黻《中國近代史》」、「清史稿・曾國藩傳」，請掃描左方 QR Code。

國家圖書館出版品預行編目（CIP）資料

這老天忘了眷顧的人生，一定要讀曾國藩：硬是延長清朝國祚六十年，曾國藩怎樣從死路中求生路、落榜考生逆襲為救國名將。／蔣星德著 . -- 初版 . -- 臺北市：任性出版有限公司，2024.04
336 面；14.8×21 公分 . --（issue；59）
ISBN 978-626-7182-66-6（平裝）

1.CST：（清）曾國藩　2. CST：傳記　3. CST：學術思想

782.877　　112022248

issue 59

這老天忘了眷顧的人生，一定要讀曾國藩

硬是延長清朝國祚六十年，曾國藩怎樣從死路中求生路、落榜考生逆襲為救國名將。

作　　者／蔣星德
責任編輯／連珮祺
美術編輯／林彥君
副 主 編／馬祥芬
副總編輯／顏惠君
總 編 輯／吳依瑋
發 行 人／徐仲秋
會計助理／李秀娟
會　　計／許鳳雪
版權主任／劉宗德
版權經理／郝麗珍
行銷企劃／徐千晴
業務專員／馬絮盈、留婉茹
行銷、業務與網路書店總監／林裕安
總 經 理／陳絜吾

出 版 者／任性出版有限公司
營運統籌／大是文化有限公司
臺北市 100 衡陽路 7 號 8 樓
編輯部電話：（02）23757911
購書相關諮詢請洽：（02）23757911 分機 122
24 小時讀者服務傳真：（02）23756999
讀者服務 E-mail：dscsms28@gmail.com
郵政劃撥帳號：19983366　戶名：大是文化有限公司

法律顧問／永然聯合法律事務所
香港發行／豐達出版發行有限公司 Rich Publishing & Distribution Ltd
地址：香港柴灣永泰道 70 號柴灣工業城第 2 期 1805 室
Unit 1805, Ph.2, Chai Wan Ind City, 70 Wing Tai Rd, Chai Wan, Hong Kong
電話：21726513　傳真：21724355
E-mail：cary@subseasy.com.hk

封面設計／兒日設計　內頁排版／王信中
印　　刷／鴻霖印刷傳媒股份有限公司

出版日期／ 2024 年 4 月　初版
定　　價／新臺幣 390 元（缺頁或裝訂錯誤的書，請寄回更換）
I S B N ／ 978-626-7182-66-6
電子書 ISBN ／ 9786267182659（PDF）
9786267182642（EPUB）